KB252755

그 말, 그렇게 하지 마세요

그 말,
그렇게 하지 마세요

최 윤 지음

N 넥스윅

말은 하는데 왜 통하지 않을까

어쩌면 이 질문이 당신의 일상에도 그림자처럼 드리워져 있을지 모른다. 우리는 매일 숨 쉬듯 말하고 대화하지만, 문득 이런 생각이 든다. 과연 우리는 '진짜' 소통을 하고 있는 걸까?

친구의 고민을 듣는 척하면서 머릿속으로는 무슨 조언을 해 줄지 바쁘게 계산하고, 상사의 보고를 들으면서도 휴대폰 알림에 마음을 빼앗긴 적은 없는가? '나는 다른 사람의 말을 잘 듣는 편이다.'라고 자신하지만, 사실은 듣는 척만 하며 다음 할 말을 준비하지는 않은가?

우리는 소통이 잘되고 있다고 착각한다. 그러나 그것은 '교대로 말하는 독백'에 가깝다. 상대의 감정은 스치듯 지나가고, 내 말이 끊기지 않는 데만 신경 쓴다. 이것이 바로 대부분의 사람들이 빠지는 '듣기의 함정'이다. 말이 오간다는 사실만으로 소통이 이루어진다고 믿는 순간, 우리는 정작 중요한 것을 놓친다. 상대의 마음, 그 뒤에 숨은 진정한 의미를 말이다.

이 책은 당신이 왜 지금 '듣지 못하는 상태'에 빠졌는지, 무엇이 당신을 '듣는 사람'이 아니라 '기다리는 사람'으로 만들었는지 그 근본적인 원인부터 파고든다. 스마트폰이 일상을 지배하는 시대, 우리의 뇌는 '짧고 빠른 반응'에 익숙해졌다. 그 결과 '깊은 집중'은 고작 8초 남짓한 수준으로 과거에 비해 4초가량 줄어들었다.

여기에 더해, 인간의 뇌는 듣기보다 말하기를 선호한다. 자기 이야기를 할 때, 도파민이 분비되어 보상 회로가 활성화되기 때문이다. 또 사람이 분당 125~150단어를 말할 때, 뇌는 분당 400~600단어를 처리할 수 있어 듣는 중에도 동시에 여러 가지 생각을 할 여유가 생긴다.

멀티태스킹이 듣기 능력을 40% 이상 감소시킨다는 연구 결과도 있다. 감정이 개입되면 우리는 이해하기 위해 듣기보다 반박하기 위해 듣는 본능적인 반응을 보이기도 한다.

이처럼 우리는 같은 말을 듣고도 '자기식대로 해석'하며, 결국 '그 말'이 아닌 '내 의미'로 받아들이는 함정에 빠진다. 저자는 이런 소통의 단절이 개인의 관계를 넘어 조직의 생존까지 흔드는 것을 보며, '듣는 것'의 중요성을 절실히 깨달았다. 한때 휴대폰 시장의 제왕이었던 노키아가 '경청 부족'으로 몰락한 것처럼, 듣지 않는 조직과 관계가 얼마나 쉽게 무너지는지 목격했기 때문이다.

반대로, 말을 많이 하는 사람이 아니라 조용히 들어주는 사람이 되었을 때 관계의 온도가 달라지는 수많은 사례들을 목격했다. 한 번의 진심 어린 경청이 10년 관계를 회복시키고, 침묵의 3초가 상대의 마음을 완전히 열어놓은 순간들을 경험하며, 이 시대에 필요한 '진짜 듣기'의 길, '말보다 마음을 움직이는 소통의 비밀'을 함께 찾고자 이 책을 쓰게 되었다.

이 책은 단순히 '잘 듣는 법'을 넘어, 당신의 삶과 관계를 180도 변화시킬 실질적인 지혜를 담고 있다. 다섯 가지 핵심 요소를 통해 당신의 소통 능력을 LIFT-UP(향상)시켜줄 것이다.

첫 번째 L(Listen). 말의 내용을 넘어 상대의 감정, 망설임, 숨겨진 의미까지 받아들이는 '듣기'의 진짜 본질을 발견하고, 침묵을 견디며 상대방의 마음이 머물 수 있는 '공간'을 내어주는 법을 배운다.

두 번째 I(Identify). 다른 사람의 기대나 평가에 갇히지 않고 '진짜 나'와 대화하는 방법을 탐색하며, 나만의 말투로 존재감을 높이는 비결을 알아본다.

세 번째 F(Feedback). 갈등 상황에서 '누가 먼저 듣느냐'가 승패를 가르는 이유를 파악하고, 상처 주지 않으면서 진실을 전하는 피드백 공식으로 조직과 관계의 운명을 바꾸는 기술을 익힌다.

네 번째 T(Trust). 말뿐인 사람이 아니라 '행동으로 신뢰를 쌓는 사람'이 되는 습관을 배우고, 급변하는 디지털 시대에 진짜 리더가 '이끌지 않고 읽는' 이유와 그 비밀을 공개한다.

미지막 Up(Upgrade). 메시지 한 줄이 관계를 망치는 비대면 소통의 함정을 이해하고, 진심이 닿는 소통의 새로운 문법을 익힌다.

이 책은 그저 이론을 나열하는 데 그치지 않는다. 당신의 소통 체질을 점검하는 '소통 체질 분석', 실천을 돕는 '21일 듣기 근육 만들기 트레이닝', '말투 온도계', '피드백 레시피', '팔로워십 유형 테스트' 등 바로 적용할 수 있는 도구와 실천법을 제시한다. 이러한 작은 습관들이 모여 결국 '어떻게 듣고 말하느냐.'라는 근본을 바꿔 줄 것이다.

우리는 모두 말하고 싶어 한다. 하지만 때로는 누군가가 먼저 '들어주는 사람'이 되어야 한다. 한 사람의 경청이 누군가에겐 용기가 되고, 신뢰가 되며, 함께 걷고 싶은 관계로 이어진다. 진정한 의사소통은 감정과 생각이 오가는 깊은 공감의 교류다. 단순히 정보를 주고받는 것이 아니라, 서로의 존재를 인정하고 이해하는 따뜻한 연결 고리를 만드는 것이다.

　이 책이 당신의 소통 방식을 바꾸고, 관계를 다시 잇고, 궁극적으로는 인생을 더욱 풍요롭게 만드는 변화의 시작점이 되기를 바란다. 자, 이제 당신 안의 '진짜 듣기' 능력을 깨울 시간이다. 당신의 목소리가 필요한 순간, 그리고 당신의 귀가 필요한 모든 순간을 위해, 이 책이 작지만 단단한 나침반이 되어주기를 간절히 소망한다.

당신의 소통 체질 분석 – 감정형 vs 논리형 vs 직관형

이 책을 제대로 활용하려면 먼저 당신 자신을 알아야 한다.
다음 문항들을 읽고 자신에게 해당하는 정도를 솔직하게 선택해보자.

매우 그렇다 5점 / 그렇다 4점 / 보통이다 3점 / 그렇지 않다 2점 / 매우 그렇지 않다 1점

연번	항목	매우 그렇다	그렇다	보통이다	그렇지 않다	매우 그렇지 않다
1	나는 상대방이 말할 때 표정과 말투를 유심히 관찰한다					
2	나는 근거가 명확하지 않은 의견에는 쉽게 동의하지 않는다					
3	나는 기존 방식보다 새로운 접근법을 시도하는 것을 좋아한다					
4	나는 갈등 상황에서 서로의 감정을 먼저 살핀다					

연번	항목	매우 그렇다	그렇다	보통이다	그렇지 않다	매우 그렇지 않다
5	나는 감정적인 이야기보다 사실과 데이터로 말하는 것을 선호한다					
6	나는 대화 중에 갑자기 떠오르는 아이디어를 자주 제시한다					
7	나는 팀 분위기가 어색하면 먼저 나서서 화기애애하게 만들려 한다					
8	나는 회의할 때 명확한 아젠다와 결론이 없으면 답답하다					
9	나는 세부적인 실행 계획보다 큰 그림과 비전에 더 관심이 많다					
10	나는 누군가 힘들어하면 "네 마음 충분히 이해해."라며 공감부터 표현한다					
11	나는 문제가 생기면 원인 분석부터 체계적으로 접근한다					
12	나는 "이런 가능성은 어떨까?"라는 식으로 말을 자주 시작한다					
13	나는 직접적이고 날카로운 피드백을 하는 것이 어렵다					
14	나는 효율성과 생산성을 무엇보다 중요하게 생각한다					
15	나는 반복적이고 정형화된 업무보다 변화가 있는 일을 선호한다					

답안지

A	B	C
1	2	3
4	5	6
7	8	9
10	11	12
13	12	15

세로 항목별 총계

채점 방법

답안지의 번호가 1인 경우는 1점, 2는 2점, 3은 3점, 4는 4점, 5는 5점으로 채점한다. 이후 세로 항목별로 점수 합계를 낸다. 각 세로 항목에 해당하는 유형은 다음과 같다.

A: 감정형 소통가(Feeler)

B: 논리형 소통가(Thinker)

C: 직관형 소통가(Intuitive)

결과 확인

감정형 소통가(Feeler) – A 점수가 가장 높은 경우

"마음이 통해야 말이 통한다."

당신은 상대의 표정이나 목소리 톤의 미묘한 변화도 놓치지 않으며, 무엇을 원하는지 마음으로 읽어내는 능력이 뛰어나다. 회의에서도 누가 불편해하는지, 누가 말하고 싶어 하는지를 빠르게 알아차려 자연스럽게 분위기를 조율한다. 사람들은 당신과 대화할 때 '이 사람은 내 말을 진짜 들어준다.'라고 느끼며 쉽게 마음을 연다.

다만 지나친 배려심 때문에, 필요한 직언을 망설이거나, 상대의 감정에 너무 몰입한 나머지 객관적인 판단을 놓치는 경우가 있다. 갈등 상황에서는 양쪽을 다 이해하려다 명확한 결론을 내리지 못해 답답함을 느끼기도 한다.

당신에게 특히 도움이 될 장

3장 '피드백 기술'

감정을 상하게 하지 않으면서도 진실을 전달하는 기술

4장 '신뢰 구축법'

관계 중심적 접근을 논리와 균형 있게 조화시키는 방법

논리형 소통가(Thinker) – B 점수가 가장 높은 경우

"사실과 근거가 설득력을 만든다."

당신은 복잡한 문제를 체계적으로 분석하고 명확한 해답을 제시하는

데 강하다. "왜 그렇게 생각하는지", "근거가 무엇인지"를 중요하게 여기며, 감정에 휩쓸리지 않고 공정한 판단을 내린다. 동료들은 당신의 의견을 신뢰하며, 어려운 결정을 내려야 할 때 당신의 조언을 구한다. 효율성을 추구하고 무의미한 시간 낭비를 싫어하는 당신 덕분에 프로젝트가 체계적으로 진행된다.

다만 논리적 완벽함을 추구하다 보니 상대가 감정적으로 받아들일 준비가 되기 전에 직설적으로 말해서 관계가 어색해질 수 있다. 또한 데이터로 증명하기 어려운 감정적, 직관적 영역을 과소평가하여 팀원들의 동기 부여나 창의적 아이디어를 놓치기도 한다.

당신에게 특히 도움이 될 장

1장 '진짜 듣기'

논리 너머 감정까지 읽어내는 기술

2장 '진짜 나 찾기'

자신의 감정적 면을 인정하고 표현하는 방법

직관형 소통가(Intuitive) – C 점수가 가장 높은 경우

당신은 뻔한 답 대신 "이런 관점은 어때?", "완전히 다른 방법도 있을 텐데?"라며 새로운 돌파구를 제공한다. 사람들이 미처 생각하지 못했던 가능성을 제시하여 팀에 활력을 주고, 변화를 두려워하지 않는 태도로 조직의 성장 동력이 된다.

단, 아이디어는 넘쳐나지만 실행 단계에서 디테일이 약하거나 지속력이 부족할 수 있다. 너무 앞서가는 생각으로 인해 현실적 제약을 간과

하거나, 세부 계획 없이 큰 그림만 제시해서 동료들이 혼란스러워하는 경우도 있다.

당신에게 특히 도움이 될 장

5장 '디지털 시대 소통법' : 변화하는 환경에 맞는 혁신적 소통 방식

책 전반의 실천 도구 : 창의적 아이디어를 현실적으로 구현하는 방법

당신의 소통 체질을 확인했다면, 이제는 편안한 마음으로 차근차근 따라가 보자. 당신의 강점은 더 선명해지고, 약점은 보완될 것이다. 자신과 타인, 그리고 직장에서 상대와 진정으로 연결되는 소통의 달인이 되어있을 것이다. 당신의 소통 능력이 LIFT-UP되는 그날까지.

목차

Listen

들어야 산다, 듣지 못하면 끝이다

4장

Trust

신뢰는 말이 아니라 행동으로 쌓인다

Upgrade

디지털 시대, 소통의 룰이 완전히 바뀌었다

1장

Listen

들어야 산다, 듣지 못하면 끝이다

당신은 지금
'듣는 척'만 하고 있다

90%의 사람들이 놓치는
'듣기의 함정'

상대의 말에 "그렇군요."라고 했지만, 마음은 벌써 내 차례를 기다린 적 있지 않은가? 말할 준비에 바쁜 우리는, 듣지 않으면서도 '소통이 잘 된다.'라고 착각한다. 상대의 감정은 스치듯 지나가고, 내 말이 끊기지 않는 데만 신경 쓴다.

이것이 바로 대부분의 사람들이 빠지는 '듣기의 함정'이다.

"저는 다른 사람의 말을 잘 듣는 편입니다."

한 뷰티 기업 대표가 팀 빌딩 워크숍에서 자신을 이렇게 소개했다. 그의 자신감 넘치는 목소리와 당당한 태도에 나는 '리더로서 중요한 소통 역량을 갖추고 있구나!'라며 내심 감탄했다. 그러나 강의가 끝난 후, 그와 나눈 커피 한 잔은 내 생각을 완전히 뒤흔들었다. 그는 자신의 회사 이야기를 시작했다. 처음에는 나도 관심 있게 대화에 참여했지만, 시간이 지나도 그의 말은 끝날 줄 몰랐다. 심지어 "강사님은 어떻게 생각하세요?"라고 묻고는 내가 입을 떼기도 전에 다시 자기 이야기를 이어갔다. 질문은 멈춤 버튼이 아니라 다음 화제의 도입일 뿐이었다.

나는 가끔 고개를 끄덕였고, "음, 그렇군요"라고 맞장구를 쳤다. 그리고 3시간이 흐른 끝에 그는 만족스러운 얼굴로 말했다.

"저는 다른 사람과 대화가 정말 잘 돼요. 그래서 항상 한참을 이야기하죠. 오늘도 강사님과 정말 좋은 대화를 나눈 것 같아요!"

그는 '말하는 것'을 '소통'이라고 착각했고, '상대의 반응 없는 끄덕임'을 '이해와 공감'이라고 오해하고 있었다. 그가 한 건 대화가 아니라 일방적인 말하기였고, 나는 그저 배경처럼 거기 있었을 뿐이다.

우리도 모두 이런 경험이 있다. 친구가 고민을 털어놓을 때, 맞장구를 치면서도 머릿속으로는 '무슨 조언을 해줘야 하지?', '내가 겪었던 일 얘기해줄까?' 하고 계산한다. 상대의 말을 듣고 있는 듯하지만 정작 감정은 놓친다. 듣고 있는 척은 하지만, 마음을 내어주진 못

한다. 그래서 대화가 끝난 뒤에도 말은 오갔는데, '정말 소통하고 있는 걸까?'라는 의문이 든다.

말이 오간다고 해서
소통이 이뤄지는 것은 아니다.

말하기는 일방적 전달이고, 대화는 가벼운 주고받음일 수 있다. 그러나 진짜 '의사소통'은, 감정과 생각이 오가는 깊은 공감의 교류다. 그 사람의 속도에 맞춰 듣고, 말 뒤에 숨은 의미를 짚어주는 것. 그게 바로 '듣기'의 진짜 본질이다.

당신은, 지금 누군가의 이야기를 진짜 '듣고' 있는가?

스마트폰 시대,
집중력 3초의 비밀

'듣는 척'을 하며, 스스로는 소통이 잘되고 있다고 착각하는 사람들. 앞서 우리는 바로 그 착각에 대해 이야기했다. 말이 끊기지 않는 것, 대화가 이어지는 것만으로 우리는 소통이 이루어지고 있다고 여긴다. 하지만 그건 대화가 아니라 교대로 말하는 독백일지도 모른다.

그렇다면 왜 우리는 '듣는 사람'이 아니라 '기다리는 사람'이 됐을까? 답은 아주 단순하다. 지금 우리는, 집중할 수 없는 시대에 살고 있기 때문이다. 스마트폰을 손에서 놓지 못하는 시대. 알림은 쉴 새 없이 울리고, 동시에 열려 있는 채팅방과 메신저 창은 대화를 잘게 쪼갠다. 잠시 멈춰 생각할 틈도 없이 우리는 반응하고, 넘기고, 대답하고, 처리한다.

그 결과, 우리의 뇌는 '지속적인 집중'보다 '짧고 빠른 반응'에 익숙해졌다. 마이크로소프트 캐나다 지사가 2015년에 실시한 조사에 따르면, 현대인의 평균 집중 시간은 약 8초로, 금붕어의 평균 집중 시간인 9초보다 짧은 수준인 것으로 나타났다. 그중 진짜 '깊은 집중'은 고작 3초 남짓이다.

듣는 중에도 우리는 '답'을 준비하고, '할 말'을 떠올리고, '다음 일'을 계획한다. 듣는 척은 해도, 마음은 자리를 뜬다. 회의 시간, 누군가 진지하게 이야기하는 순간에도 다음과 같은 생각을 하고 있을지도 모른다.

'이 말 끝나면 내가 뭘 말하지?,'
'지금쯤 고개를 끄덕여야겠지?'
'아, 저 얘기 전에 내가 한 말 강조해야겠다.'
우리는 '듣고 있는 중'이 아니라, '준비하는 중'이다.

더 심각한 건, 이런 상태를 우리는 이상하게 여기지 않는다는 것이다. 익숙해졌기 때문이다. 빠른 템포, 짧은 리듬, 휘발성 말투, 단답형 감정 표현……. 우리는 스마트폰처럼 반응하고, 알림창처럼 흘러간다.

이런 현상은 일상 대화 속에서도 그대로 드러난다. 다음과 같은 상황을 생각해보자. 회의실에서 팀장이 심각한 표정으로 이렇게 말했다.

"이번 프로젝트 일정이 너무 빠듯한 것 같아."

같은 말을 들어도 팀원들의 해석은 제각각이다.

팀원 A: '일정 조율하라는 뜻인가? 내가 먼저 필요한 시간을 요청해야 하나?'

팀원 B: '일정 관리가 엉망이라는 뜻인가? 내 업무에 문제가 있었나?'

팀원 C: '그냥 지나가는 말인가? 뭔가 행동이 필요한 건가?'

팀원 D: '다 아는 얘기를 왜 하지? 뭔가 요구가 있다면 명확히 말해주지.'

같은 말을 듣고도 네 명의 팀원이 전혀 다르게 받아들인 이유는 무엇일까? 우리는 듣고 있다고 믿지만, 실제로는 '자기 방식대로 해석'하기 때문이다. 각자의 경험과 감정, 시선으로 듣기 때문에, '그 말'이 아닌 '내 의미'로 받아들이는 것이다.

듣는다는 건 원래 시간이 걸리는 일이다. 눈을 마주치고, 그 말 뒤의 감정을 느끼고, 상대의 속도를 따라가는 일이다. 하지만 3초마다 흐름이 끊기는 시대에 '느긋한 경청'은 사치처럼 여겨진다. 그리고 그 사치가 사라진 자리에 남는 건, "듣는 줄 알았는데, 안 들었네."라는 공허함뿐이다.

왜 우리는 이렇게 '듣지 못하는 뇌'가 되었을까? 이유는 뇌의 본능에 있다.

첫째, 뇌는 듣기보다 말하기를 더 좋아한다.

자기 이야기를 할 때, 뇌는 도파민을 분비한다. 자신에 대해 말하면 기분이 좋아지고, 뇌의 보상 회로가 활성화된다. 마치 맛있는 음식을 먹거나 좋아하는 음악을 들을 때와 같다. 그래서 우리는 대화 중에도 '듣기'보다 '내 차례'를 기다리는 데 에너지를 쏟는다. 상대의 말이 끝나기도 전에 "맞아, 나도 그런 적 있어!"라며 끼어들고 싶은 충동이 생긴다.

둘째, 뇌는 빠른 정보 처리를 원한다.

사람은 분당 125~150단어를 말하지만, 뇌는 분당 400~600단어를 처리할 수 있다. 그렇기에 듣는 중에도 동시에 여러 가지 생각을 할 수 있는 여유가 생긴다. 회의 중 동료가 실적 보고를 하고 있어도 우리 머릿속은 '점심 뭐 먹지?', 'PPT 마무리해야 하는데', 이런 생각들로 가득하다. 멀티태스킹을 할수록 듣는 능력은 40% 이상 감소한다는 연구 결과도 있다.

셋째, 감정이 개입되면 반응하게 된다.

"우리는 이해하기 위해 듣는 것이 아니라, 반박하기 위해 듣는다."

스티븐 코비의 말처럼, 감정이 섞이면 듣는 기능은 더 쉽게 무너진다. 예를 들어, 상사가 "이 보고서 다시 해와."라고 말했을 때, 그 의도는 단순한 개선 요청일 수 있다. 하지만 직원이 상사에게 인정받지 못한다고 느끼고 있다면, 그 말은 '왜 나만 지적하지?', '믿지 못하나?'로 변형된다. 뇌는 그것을 공격으로 받아들이고, 즉시 방어 반응이나 회피 반응을 일으킨다.

이 짧은 3초의 집중력 시대에, 우리는 어떻게 진짜로 누군가의 이야기에 귀 기울일 수 있을까? 그 실마리는, '잘 말하는 법'이 아니라 '말 없는 시간을 견디는 힘'에 있다. 진짜 듣기는, 그저 가만히 있는 것이 아니라 상대의 마음이 머물 '공간'을 내어주는 일이다.

그걸 실천했던 한 사람, 장 팀장의 이야기를 해보려 한다.

식사 자리에서 장 팀장이 말했다.

"요즘 회사 분위기…… 좀 무겁죠? 어떻게 하면 좋을까요."

마치 돌멩이 하나가 물 위에 떨어진 것처럼, 파문은 쉽게 번지지 않았다. 정적이 흘렀고, 모두가 말을 삼켰다. 누군가는 물을 마시는 척했고, 누군가는 휴대폰을 만지작거렸다. 하지만 시간이 흐르자, 조심스럽게 눈빛이 오가고, 서로의 반응을 읽는 기류가 돌기 시작했다. 그리고 마침내 누군가 입을 열었다.

"사실 요즘 이 프로젝트가 너무 부담이에요."
또 다른 이가 말했다.
"저는 이런 방식으로 바꿔보면 어떨까 생각해봤어요."

장 팀장은 묵묵히 고개만 끄덕였다. "음, 그래요?" 하는 말도 없었다. 아무 조언도, 정리도, 수습도 없었다. 그저 침묵이었다. 그런데 그 침묵 속에서, 사람들은 이상할 만큼 계속 말을 이었다. 처음엔 조심스럽던 마음이, 조금씩 풀어지기 시작했다. 나중에 한 팀원은 이렇게 말했다.

"솔직히 말할 생각 없었어요. 괜히 어색해질까 봐. 근데 그날은 이상하게 괜찮을 것 같았어요. 그래서 저도 그냥 털어놨어요."

듣는다는 건, 그렇게 단순하지 않다. 누군가가 진심으로 조용해지는 순간에야 비로소 시작된다. 상대가 안심하고 말할 수 있는 분위기를 함께 만들어야 한다.

눈을 마주치고, 서두르지 않고, 침묵을 견디는 일. 말투의 떨림, 눈빛의 흔들림, 망설이는 호흡까지 받아들이는 감도가 필요하다. 누군가가 "괜찮아요."라고 말할 때, 그 말 뒤에 숨은 "사실은 괜찮지 않다."라는 마음까지 들을 수 있어야 한다. 그게 진짜 듣기다.

우리는 흔히 말을 잘하는 사람을 소통의 중심이라 생각하지만, 진짜 분위기를 바꾸는 사람은 말을 많이 하는 사람이 아니다. 듣는 사람이다. 말하지 않아도 편안한 사람, 말해도 괜찮을 것 같은 사람. 그 사람 곁에서는 마음이 열린다. 혼잣말처럼 꺼낸 말이, 끝내 누군가에게 닿는 순간, 관계는 달라진다.

그러니, 들어야 한다.
듣기 위해 침묵해야 한다.
그리고 그 사람이 말할 수 있도록 자리를 내어주어야 한다.

**듣는다는 건, 대답을 준비하는 것이 아니라,
마음이 머무는 일이다.**

당신의 경청 점수는 몇 점

당신의 듣기 습관을 점검해 보자. 정답은 없다. 중요한 건 솔직함이다. 체크하는 순간부터 변화는 시작된다.

☐ 상대방이 말할 때, 중간에 끼어들지 않고 끝까지 듣는다.

☐ 대화 후, 상대가 했던 말의 핵심 내용을 정확히 기억하는 편이다.

☐ 상대가 말을 하는 동안, 내 차례를 기다리며 할 말을 정리하지 않는다.

☐ 상대의 고민을 들을 때, 내 경험과 비교하거나 "나도 비슷한 일이 있었어." 하고 끼어들지 않는다.

☐ 듣고 난 후, 조언보다는 "그랬구나.", "어떤 기분이었어?"와 같은 공감의 말을 자주 한다.

☐ 상대가 말하는 동안, 다른 생각(일정, 할 일, 업무 등)을 하지 않는다.

☐ 같은 이야기를 반복할 때 '이 얘기 또 하네.'라고 생각하기보다는 '왜 이 말을 계속 하는 걸까?'라고 궁금해한다.

☐ 상대가 말하는 도중, 내 생각이 맞다고 느껴도, 반박하기 전에 끝까

지 듣는다.

☐ 대화 후, 내 입장에서 해석하지 않고, 상대가 느낀 감정을 그대로 확
인한다.

☐ 대화가 끝난 후, 내가 한 말보다 상대가 한 말을 더 많이 기억한다.

결과 확인

☑ 7개 이상 체크

"귀 활짝형" – 상대의 감정을 존중하며 듣는 사람

당신은 상대의 말을 존중하며, 듣는 것을 우선시하는 경청의 달인이다!
상대방은 당신과의 대화에서 이해받고 존중받는다고 느끼기 때문에,
자연스럽게 더 깊은 이야기를 나누게 된다. 이제는 듣기뿐만 아니라,
적절한 순간에 자신의 생각도 표현하며 균형 잡힌 대화를 만들어보자.

☑ 4~6개 체크

"반쯤 듣는 형" – 때때로 중요한 부분을 놓치는 사람

당신은 대화 중 상대의 말을 듣는 편이지만, 때때로 자신의 생각을 정
리하거나 해결책을 고민하느라 중요한 부분을 놓칠 가능성이 있다. 의
도는 좋지만, 상대가 진짜 원하는 것이 단순한 해결책이 아닐 수도 있
다는 점을 기억하자. 조언을 하기 전에 잠시 멈추고 "지금 내 의견이 필
요할까, 아니면 그냥 들어주길 원할까?"를 한 번 더 생각해보자.

☑ **3개 이하 체크**

"입이 바쁜 형" – 듣기보다 말하기가 익숙한 사람

당신은 상대방이 말하는 동안에도 자연스럽게 내 이야기를 할 기회를 찾거나, 자신의 경험과 연결시키는 경향이 강하다. "나도 그런 적 있어!"라는 말이 당신의 입에서 자주 나오지 않는가? 대화 중 "이제 내 차례"라는 생각이 들면, 5초만 더 기다려보자. 상대의 말을 듣고 바로 답하지 않고, "그러니까 너는 ~~한 기분이었구나."라고 상대의 감정을 먼저 확인하는 연습을 해보자.

듣기만 바꿔도
관계가 180도 달라진다

듣기 고수들의
3가지 공통점

미하엘 엔데의 소설 『모모』에는 이런 장면이 나온다. 사람이 사라져버린 듯한 도시, 조용히 멈춰버린 시계, 그리고 그 한가운데 홀로 남겨진 한 소녀, 모모. 그녀는 많은 재산도, 지식도 없었지만 단 하나의 특별한 능력이 있다. 사람들의 이야기를 깊이 들어주는 능력.

모모는 말이 많지 않았다. 조언하지도, 해결책을 제시하지도 않았다. 하지만 사람들은 그녀와 대화를 나눈 뒤 마음이 가벼워졌고, 스스로 해답을 찾았다. 그녀는 그저 진심으로 상대의 말을 들어주었을 뿐이다. 말보다 '듣는 것'이 사람을 움직일 수 있다는 걸, 모모는 알고 있던 것이다.

이 이야기는 단지 소설 속 이야기만은 아니다. 현실 속에서도 누군가의 말을 진심으로 들어주는 일은 생각보다 큰 힘을 발휘한다. 그 중심에는 '경청'이라는 단어가 있다. 이 단어는 '기울일 경(傾)'과 '들을 청(聽)'으로 이루어져 있는데, 단순히 소리를 듣는 것을 넘어 몸과 마음을 기울여 듣는 태도를 뜻한다. 특히 '들을 청'이라는 글자는 귀(耳)로 듣고, 눈(目)으로 살피며, 하나(一)의 마음(心)으로 집중하라는 의미를 품고 있다. 다시 말해, 경청은 귀로만 듣는 것이 아니라 눈을 맞추고 마음을 열어, 말의 내용은 물론 그 속에 담긴 감정, 망설임, 숨겨진 의미까지도 받아들이려는 태도다.

김창옥 교수는 한 강의에서 '경청의 힘'을 주제로 흥미로운 실험 하나를 소개했다. 참가자들을 두 그룹으로 나눈 뒤, 각자 2분간 대화를 나누게 했다. 한 그룹은 고개를 끄덕이며 눈을 맞추고 적극적으로 경청했고, 다른 그룹은 스마트폰을 만지거나 산만한 태도를 보였다. 단지 2분의 실험이었지만, 결과는 놀라웠다.

경청을 받은 그룹의 참가자들은 상대에게 더 많은 감정을 공유했고, 대화가 끝난 뒤에도 "따뜻하고 편안했다.", "상대에게 신뢰를 느졌다.”라고 말했다. 반면, 무관심한 태도를 경험한 사람들은 대화를 빨리 끝내고 싶었다며 거리감과 불편함을 호소했다. 이 실험을 통해 '듣는 태도' 하나만으로 관계는 달라진다는 것을 알 수 있다.

그렇다면 이런 결과를 만들어내는 듣기의 고수들은 어떤 태도를 가지고 있을까?

첫째, 상대방의 말을 끝까지 듣는다.

진짜 듣는다는 건, 말이 끝날 때까지 조용히 기다리는 일이다. 중간에 끼어들어 "그건 말이 안 돼."라고 말하지 않고, 자신이 더 잘 안다는 태도도 보이지 않는다.

한 중견기업의 박 과장은 자신이 팀원들과 충분히 소통하고 있다고 믿었다. 매일 아침 회의를 주재했고, 명확한 업무 지시를 내렸으며, 언제든 문을 두드리라고 말했다. 하지만 정작 팀원들은 박 과장과의 대화를 부담스러워했다. 고민을 털어놓으면 "그렇게 하면 안 되지, 내 방식대로 해봐."라는 말이 돌아왔고, 아이디어를 제안하면 "그건 비효율적이야."라는 반응이 돌아왔다. 신입사원이 새로운 마케팅 전략을 제안했을 때였다.

"팀장님, 저희 제품의 타겟층을 MZ세대로 확장하면 어떨까요?

SNS 마케팅을 강화하고…….”

그의 말이 채 끝나기도 전에 박 과장이 끊고 말했다.

“아니, 그건 안 돼. 우리 제품은 40대 이상이 주 고객층이야. SNS는 너무 불확실해. 기존 방식대로 하자.”

신입사원은 설명을 더 하려 했지만, 단호한 반응에 입을 닫고 말았다.

박 과장은 왜 팀원들이 자신과 대화하기를 꺼리는지 이해하지 못했다. 만약 박 과장이 신입사원의 말을 끝까지 듣고 “좋은 아이디어네, 좀 더 자세히 설명해줄래?”라고 반응했다면 달라졌을 것이다. 이렇게 끝까지 듣고 존중하는 작은 태도 하나만으로도 상대는 자신이 인정받고 있다고 느낀다. 그 느낌이 대화를 계속 이어가게 만들고, 결국 관계의 온도를 바꾼다.

둘째, ‘판단’보다 ‘이해’를 먼저 선택한다.
경청이 깨지는 순간은 의외로 단순하다. 상대가 말하는 동안, 듣는 사람의 머릿속에서는 이미 결론이 정해져 있을 때다.

이미지 컨설턴트 김 실장은 자신의 전문성과 열정을 바탕으로 상담을 진행했다. 하지만 고객 만족도는 예상보다 낮았다.

"고객님, 평소 어떤 이미지를 가지고 계세요?"
"저는 스타트업 대표인데, 사람들이 저를 너무 캐주얼하게 봐요."
"아, 그럼 대표다운 신뢰감 있는 이미지가 필요하시겠네요."
"네, 그렇긴 한데…… 너무 권위적으로 보이고 싶진 않아요. 자유로운 분위기를 유지하면서도 중요한 자리에서는 신뢰를 줄 수 있는 스타일이면 좋겠어요."
"중요한 자리에선 격식이 필요하죠. 정장을 기본으로, 헤어스타일도 단정하게 가는 게 좋겠어요."
"음……. 완전한 정장은 아니에요. 청바지에 셔츠를 입어도 리더로서 존중받을 수 있는 그런 스타일을 원해요."

김 실장은 고객의 말을 듣고도 계속 '단정함'과 '포멀함'을 강조했다. 고객은 '자유로움은 유지하되, 중요한 자리에서 신뢰를 주는 균형'을 원한다고 말했지만, 상담은 김 실장의 기준으로 흘러갔다. 결국 고객은 '나랑은 조금 안 맞는 것 같아.'라는 생각을 하며 돌아갔다.

이건 전문성이나 논리의 부족이 아니다. 진정한 경청의 부재다. 상대가 원하는 방향을 말하고 있음에도, 듣는 사람은 자신의 기준만을 앞세운다. 결국 대화는 단절되고, 고객은 멀어졌다.

셋째, 말보다 질문으로 대화한다.

듣기 고수들은 해결책을 빨리 제시하지 않는다. 대신 질문으로 상대의 마음을 여는 데 집중한다.

전자제품 기업의 최 과장 이야기다. 그는 팀원들이 고민을 상담하면 중간에 끼어들지 않고, "응", "그래서요?" 같은 짧은 반응으로 이야기를 이어가도록 도왔다. 그리고 마지막에 이렇게 질문했다.

"그럼, 어떻게 하면 좋겠어요?"

이 질문에는 압박도 지시도 없다. 오히려 "나는 당신의 마음을 알고 싶다."라는 메시지가 담겨 있다. 이는 상대가 스스로 답을 찾을 수 있도록 돕는 따뜻한 유도다. 때로는 "불편하고 힘들 수도 있어요. 그래도 방법을 함께 찾아볼까요?"라고 말하기도 한다. 이런 언어가 관계를 이끄는 리더의 진짜 모습이다.

결국 듣기의 고수는 정답을 주기보다, 상대가 자신의 길을 찾도록 기다려주는 사람이다.

우리는 모두 말하고 싶어 한다. 하지만 누군가는 먼저 들어주는 사람이 필요하다. 그 한 사람의 경청이 누군가에겐 용기가 되고, 신뢰가 되며, 함께 걷고 싶은 관계로 이어진다. 듣는 방식 하나만 바꿔도, 관계는 180도 달라질 수 있다. 상대의 말을 끝까지 기다려주는 인내, 판단보다 이해를 택하는 배려, 해결보다 공감을 먼저 건네는 태도. 그 모든 시간 속에 결국 한 사람의 마음에 남는 것은, '내 이야기를 진심으로 들어준 사람이었다.'라는 감정이다.

말보다 오래 기억되는 건,
많이 말한 사람이 아니라 조용히 들어준 사람이다.
지금 당신은, 누군가의 말 속에 어떤 마음으로 머물고 있는가?

MZ세대는
왜 다르게 들어야 하는가

좋아하는 커피 한 잔을 들고 출근하던 어느 아침, 지하철에서 두 사람의 대화가 들려왔다.

"요즘 애들은 말이야, 상사가 뭐라 해도 그냥 '네.' 한마디 하고 끝이야. 내가 혼자 떠든 기분이더라니까."

"우리 회사도 그래. 신입한테 설명했더니 '저는 그렇게 생각 안 하는데요.'라더라. 진짜 당황했잖아."

말끝마디 '요즘 애들'이 등장하고, 대화는 자연스레 '요즘엔 왜 저럴까.'로 흘러갔다. 익숙한 풍경이다. 그런데 흥미로운 건, MZ세대도 똑같은 말을 한다.

"왜 상사들은 제 얘기를 안 들어줄까요? 무조건 '이건 이렇게 해야 해.'부터 시작하세요. 우리가 제안하는 방식도 가능성 있는데, 기회조차 안 주시거든요."

대화가 오고 가는 듯 보이지만, 서로 다른 언어를 쓰는 느낌이다. 말은 했는데, 마음은 닿지 않는 상황. 직장에서 이런 일은 비일비재하다. 세대가 달라도 '소통의 벽'은 비슷하다. 말은 오가지만 공감은 없다.

2023년 잡코리아와 알바몬이 실시한 세대별 커뮤니케이션 관련 설문조사에 따르면, MZ세대는 "내 의견을 무시하고 결론부터 말할 때 가장 불편하다."라는 응답이 58.4%였고, 기성세대는 "감정적으로 반응하거나 말대꾸하는 태도가 불편하다."라는 응답이 64.1%였다.

같은 말을 두고도 전혀 다른 해석이 오가는 이유는 '대화에 대한 인식 자체'가 다르기 때문이다. 기성세대는 "경험이 많은 사람이 알려주고, 적은 사람은 배우는 것"을 대화라고 믿는다. 반면 MZ세대는 "먼저 들어주고 공감해주는 것"이 대화의 시작이라고 여긴다. 이 차이를 이해하지 못하면, 조언은 강요로, 설명은 무시로, 충고는 지시로 들린다.

중견기업의 김 부장과 1년 차 김 대리의 면담이 그 대표적인 예다. 김 대리는 "워라밸이 지켜지지 않는다."라며 퇴사를 언급했다. 김 부장은 고개를 끄덕이며 "힘든 거 알아. 나도 너만 할 때 그랬어. 그런데 회사라는 게 다 그런 거거든. 조금만 더 참아보자."라고 진심으로 조언했다. 하지만 김 대리는 되레 정색하며 "왜 제가 불행해야 하죠? 저는 행복하려고 일하는 건데요."라고 말했다. 김 부장은 당황했다. '내가 뭘 잘못했지?' 이해할 수 없었다.

컨설팅 회사의 이 선임도 마찬가지였다. 그는 후배들을 열심히 챙겼지만, 그들을 온전히 이해하기는 어려웠다. 누구보다 꼼꼼하게 자료를 챙기고 늦은 시간까지 고객 컨설팅을 마다하지 않는 '열정의 아이콘'인 그에게 MZ세대 박 전임은 낯설었다. 9시 출근, 6시 퇴근. 고객이 불가능한 상황에도 예외는 없었다. 고객에 대한 이해도 부족해 보였다.

이 선임은 조심스럽게 말을 꺼냈다.

"박 전임, 우리 고객 미팅 시간을 좀 유연하게 생각하면 어떨까? 그리고 시간 될 때 찾아와. 내가 컨설팅 더 잘할 수 있는 노하우도 알려줄게."

그러자 박 전임은 어색한 미소로 고개를 저으며 말했다.

"제 근무 시간 안에 고객을 만나는 건 당연한 거라고 생각해요. 그리고 선임님도 바쁘실 텐데, 메일이나 자료로 주시면 제가 열심히 보고 공부하겠습니다."

그러고는 말없이 사무실을 나섰다. 그날 이후 두 사람 사이엔 미묘한 벽이 생겼다.

그날의 어색함은 누가 옳고 그르냐의 문제가 아니었다. 같은 말을 들어도, '그 말을 받아들이는 방식'이 달랐기 때문이다. 이 과장에게 조언은 관심과 책임의 표현이고, 직접 마주 보고 하는 대화는 신뢰의 방식이었다. 반면 박 주임에게는 자신의 리듬을 지키는 것이 더 중요했으며, 필요한 내용은 메일이나 메신저로 정리해 공유하는 편이 더 편하고 안전했다. 그 차이를 모른 채 함께 일하니, 갈등은 자연스러운 일인 것이다.

결국, 소통은 세대 간의 선호 차이이자, 습관의 충돌이다. 그래서 MZ세대를 잘 이해하려면, 단순히 '요즘 애들'이라고 단정 짓기보다는, 그들이 어떻게 듣기를 원하고, 무엇에 공감하는지를 새롭게 배우는 것이 먼저다.

MZ세대와의 대화는 '정보'가 아니라 '존중'에서 시작되어야 한다. 이들이 원하는 건 정답이 아니라, 자신의 생각을 꺼내도 안전한 공간이다. 듣는 태도가 바뀌어야 말이 닿고, 공감이 연결된다.

위기의 순간,
누가 먼저 문제를 해결하는가

갈등 상황에서
먼저 듣는 사람이 승리하는 이유

출근길 엘리베이터 안, 개발팀의 막내 정 대리는 스마트폰을 바라본 채 멍하니 서 있었다. 머릿속에선 밤새 떠나지 않던 팀장의 말이 맴돌았다.

"이 보고서는 아무 데도 쓸 수가 없어요. 다시 해오세요."

며칠을 야근하며 공들인 결과였다. 그 한마디는 정 대리의 자존감을 무너뜨렸다. 속에서 뜨거운 무언가가 올라왔지만, 그는 아무 말도 하지 못했다.

'이 말을 꼭 이렇게 해야 했을까? 나보고 어쩌라는 거지?'

입을 꾹 다문 채 자리를 나왔고, 그날 저녁 수십 번 문장을 고쳐 쓰며 자책했다. 정 대리는 사실 반박하고 싶었다. 그러나 억울한 감정, 서운함, 실망감을 말로 꺼내기엔 용기가 부족했다. 대신 스스로를 몰아붙였고, 결국 더 위축되었다.

그런데 입사 동기인 도 대리는 비슷한 상황에서 다른 선택을 했다. 그 역시 상사에게 지적받았지만, 잠시 멈춰 숨을 고른 뒤 이렇게 물었다.

"혹시 어떤 부분이 부족한지 더 자세히 알려주실 수 있을까요?"

그리고 상사의 말을 끝까지 들었다. 감정보다 내용에 집중했고, 피드백을 반영해 결과물을 다시 제출했다. 결국 중요한 프로젝트에 도 대리가 투입되었고, 상사와의 신뢰도 더 깊어졌다.

정 대리와 도 대리의 차이는 말을 잘했느냐가 아니다. 갈등의 순간, 도 대리는 먼저 '들으려는 태도'를 택했다. 반면 정 대리는 마음의 문을 닫았다.

갈등 상황에서 듣는 사람은 단지 참는 사람이 아니다. 먼저 듣는 사람은 감정의 파도를 넘겨 상대의 숨은 의도를 찾아내고, 대화의 흐름을 바꿀 수 있는 주도권을 얻는다. 우리는 흔히 갈등 상황에서 말을 잘해야 이긴다고 생각하지만 실은 반대다. 먼저 말하는 사람이 아니라, 먼저 듣는 사람이 진짜 판을 바꾼다. 경청은 단순한 예의가 아니다. 상황의 온도를 낮추고, 다음 방향을 먼저 발견하는 능력이다.

이것은 개인 간의 갈등만이 아니다. 조직에서도 마찬가지다.

한 중소기업의 본사 대표는 지사 직원들과 계속 충돌을 겪었다. 회의는 항상 대표의 독백으로 시작되고, 대표의 결론으로 끝났다. 직원들이 "현장에서 이런 민원이 반복됩니다."라고 말하면 대표는 늘 이렇게 반응했다. "그건 지사 문제지. 너희들이 제대로 안 해서 그래." 그리고 이어지는 건 그의 과거 경험담이었다. 문제를 개선하려던 직원들의 진심은 묵살됐고, 남은 건 '괜히 말했다.'라는 후회뿐이었다. 회의실에는 "네, 알겠습니다."만 남았고, 대표는 그것을 조직의 안정이라 착각했다. 정작 내부 분위기는 굳어졌고, 결국 몇몇 지사는 독립을 선언했다. 서비스 품질은 지점마다 들쭉날쭉해졌고, 핵심 인력은 회사를 떠났다.

이 조직의 갈등은 단지 업무처리 방식의 차이 때문이 아니었다. 누군가 말하려 할 때, 진심으로 들어주지 않았기 때문에 더 커졌다.

듣지 않는 조직은 위기에 빠진다. 말이 안 통하는 경험이 반복될수록 사람들은 말하기를 멈추고, 그 침묵은 곧 이탈로 이어진다. 갈등은 그렇게 폭발하는 것이 아니라, 들리지 않은 말이 쌓여 무너지는 것이다.

이처럼 갈등은 단순히 감정의 충돌로 끝나지 않는다. 리더가 듣지 않으면, 작은 오해도 쉽게 풀리지 않고 점점 커진다. 앞선 중소기업 사례처럼, 리더와 직원 간의 단절은 결국 조직의 기반을 흔든다. 그리고 이런 일은 결코 드물지 않다. 세계적인 기업 노키아 역시, '듣지 않음'에서 시작된 리더십의 갈등이 결국 몰락으로 이어졌다.

혹시 '노키아'를 기억하는가? 당신이 90년대생 이후라면 '그게 뭔데?' 하고 고개를 갸웃할 수도 있을 것이다. 한때 휴대폰의 제왕이었던 그 회사 말이다. 지금은 이름조차 낯설지만, 한 시절엔 전 세계 사람들이 손에 쥐고 있던 폰 대부분이 노키아였다.

그런 노키아가 어떻게 무너졌을까? 놀랍게도, 그 출발점은 '경청 부족'이었다. 당시 임원이었던 안시 바뇨키는 훗날 이렇게 회고했다.
"나는 내가 옳다고 확신했다. 그래서 직원들의 의견을 귀담아듣지 않았다."
애플이 스마트폰으로 시장을 뒤흔들 준비를 할 때, 노키아 내부에서도 위기의 조짐을 감지한 직원들이 있었다. 그러나 그들의 목소리는 '지나친 걱정'으로 묵살당했다. 결국 세계 시장 점유율 50%를 자랑하던 노키아는 3%까지 추락했고, 마이크로소프트에 인수되며 조용히 퇴장했다. '나는 옳다.'는 확신이 타인의 말을 막았고, 그 경직된 확신이 회사를 무너뜨렸다.

듣지 않으면 기회도, 위기도 보이지 않는다. 경청은 단순한 예의가 아니라, 생존의 문제다. 만약 안시 바뇨키가 직원들의 이야기를 단 한 번이라도 진심으로 들었다면 어땠을까? 그 한 번의 경청이, 거대한 위기를 막았을지도 모른다.

한 번쯤 멈춰서, 상대의 말을 끝까지 듣는 것. 바로 그 순간이, 위기를 기회로 바꾸는 출발점이 된다.

특히 갈등 상황에서는 '말하는 사람'보다 '듣는 사람'이 흐름을 바꾼다. 감정이 부딪칠수록, 누군가는 멈춰 서서 상대의 말에 귀를 기울여야 한다. 먼저 듣는 사람은 상황의 온도를 낮추고, 상대의 숨은 의도를 이해하며, 다음 해답의 방향을 먼저 발견하는 사람이다.

말로 이기려는 순간, 관계는 멀어진다. 하지만 마음을 먼저 들어준 사람은 단지 이기는 것을 넘어 함께 나아갈 길을 만드는 사람이다.

갈등이 있는가? 억울한가? 하고 싶은 말이 목 끝까지 차오르는가? 그럴수록 멈춰라. 그리고 먼저 들어라. 상대의 말 속에 숨은 감정과 의도를 읽어내는 것, 바로 그 사람이 흐름을 바꾸고 관계를 이끄는 사람이다.

**말로 이기기보다 마음을 먼저 이해하려는 사람,
그가 진짜 승리자다.**

감정이 폭발했을 때
적용하는 응급 듣기법

감정은 예고 없이 터진다. 상대가 한순간 울컥하는 얼굴로 눈앞에 선다. 손이 떨리고, 목소리가 흔들리고, 숨이 거칠어진다. 이럴 때 당신은 어떻게 반응하는가? "나도 그런 적 있어.", "그 사람 진짜 너무하네."라며 동조하거나, "이럴 땐 이렇게 해야지."라는 식의 조언으로 위로하려 든다. 하지만 그것이 진짜 위로가 되지 않는다는 것을, 우리는 안다. 감정은 단순히 풀어주는 게 아니라, '들어주어야' 가라앉는다.

그럴 때 필요한 것이 경청의 기술이다. 단순한 위로나 존재감이 아닌, 그 사람의 말과 감정을 '진심으로 듣는 태도' 말이다.

그렇다면, 진심으로 듣는 태도란 구체적으로 어떤 모습일까? 말보다는 태도에서, 위로보다는 '함께 있음'에서 시작되는 그 섬세한 기술은 실제 장면 속에서 더 분명하게 다가온다.

미국 드라마 〈더 굿 닥터〉의 한 장면은 감정이 폭발한 사람 앞에서 어떤 '경청의 태도'가 진짜 위로가 되는지를 섬세하게 보여준다. 한 인턴이 수술 중 치명적인 실수를 저지르고, 충격에 복도를 뛰쳐나가 벽에 기대어 흐느낀다.
"내가 사람을 죽일 뻔했어요……."
손은 떨리고, 눈은 충혈되어 있다. 숨도 고르지 못한 채 그 자리에 무너져 있다. 그때 선배 외과의가 천천히 다가온다. 그는 아무 말도 하지 않고, 인턴의 바로 옆에 앉는다. 서두르지 않고, 위로하려 하지 않으며, 변명도 하지 않는다. 단지 같은 눈높이에서 그 자리를 함께 견디며, 감정이 흘러가기를 기다린다. 충분한 시간이 흐른 후, 그는 조용히 묻는다.
"지금 무슨 생각이 드나?"
이 장면이 보여주는 건 단순한 침묵이 아니라, 감정이 가라앉을 시간을 기다리는 진심 어린 경청의 태도다. 여기서 첫 번째 응급 듣기 기법이 나온다. 바로 멈춤. 섣불리 조언하거나 반응하지 않고, 먼저 멈춰주는 용기. 그것이 듣기의 시작이다.

직장에서도 이런 순간은 자주 찾아온다. 회의 직후, 기획안이 통째로 부정당한 정 과장은 회의실 문을 닫자마자 책상을 탁, 치며 소리쳤다.

"이건 너무한 거 아니에요?"

정 과장의 얼굴은 벌겋게 달아 있었고, 눈가에는 눈물이 맺혀 있었다. 손은 떨리고, 말은 빨라졌다. 감정이 폭발하기 직전, 그 자리에 함께 있던 민 과장은 순간 무슨 말을 해야 할지 몰라 당황했다. 하지만 그는 흥분을 부추기기보다, 조용히 정 과장의 눈을 바라보며 천천히 고개를 끄덕였다. 말없이, 그 자리에 함께 있었다. 그것은 단순한 맞장구가 아닌, 존재를 기반으로 한 경청이었다. 말없이 보내는 '나는 여기 있어요.'라는 메시지였다. 여기서 두 번째 전략, 존재감 있게 함께 있기가 나온다.

그 침묵이 이어진 후, 정 과장의 목소리는 점점 낮아졌고 마침내 말했다.

"나도 뭔가 놓쳤던 것 같아."

그제야 민 과장은 조심스럽게 물었다.

"어떤 부분이 가장 마음에 걸리셨어요?"

이 짧은 질문은 비난도, 해석도 없이 감정을 정리하게 하는 '문을 여는 질문'이었다. 이처럼 짧은 질문으로 문 열기는 감정을 다독이며 상대의 말문을 트게 한다.

비슷한 순간은 회의실에서도 벌어졌다. 광고회사 이 대리는 회사에서 가장 기대를 모았던 대형 클라이언트 계약을 놓쳤고, 팀장은 회의 중 모두의 앞에서 날카롭게 말했다.

"이 대리, 확인만 제대로 했어도 이런 일이 없었을 텐데요?"

이 대리는 입술을 꾹 다문 채 고개를 숙였다. 눈가는 촉촉해졌고, 숨을 깊게 들이쉬며 감정을 누르고 있었다. 침묵을 깬 건, 김 과장이었다.

"팀장님, 이 대리에게 당시 상황을 한번 자세히 들어보는 게 어떨까요?"

그 말은 변명이 아니라, 감정이 무너지기 직전인 이 대리가 말할 수 있는 공간을 열어주는 제안이었다.

세 번째 전략, 공간 주기. 말할 수 있도록 감정의 흐름을 막지 않고 기다리는 것이다. 그 한 문장이 만든 여백 덕분에, 이 대리는 비난이 아닌 질문 안에서 자신의 이야기를 꺼낼 수 있었다. 감정이 무너지는 순간, 누군가의 말이 아니라 '들어줄 공간'이 사람을 다시 일으키는 것이다. 이처럼 진짜 리더십은 위기 앞에서 먼저 말하는 것이 아니라, 먼저 들어주는 데서 시작된다. 그런 리더십은 더 큰 조직의 위기 속에서도 같은 방식으로 빛을 발한다.

비슷한 태도를 조직 차원에서 보여준 리더도 있다. 스타벅스 CEO 하워드 슐츠는 회사의 위기 상황에서 화를 낼 법한 상황에서도 그는 감정을 폭발시키지 않았다. 오히려 전국을 돌며 직원들과 직접 마주 앉았다. 그리고 이렇게 물었다.

"내가 놓친 게 있을까?"

그는 그 어떤 반박도 하지 않고, 회의 내내 메모하며 직원들의 말을 중단시키지 않았다. 이 침묵의 여백 속에서 직원들은 마음을 열기 시작했고, 매장의 운영 매뉴얼부터 고객 응대 방식까지 바꾸는 변화가 시작되었다. 말보다 경청이 조직을 바꾼 순간이었다. 이 장면에서 우리는 마지막 전략, 조언보다 경청을 배운다. 해답을 주려 애쓰기보다, "한번 들어보자."라는 태도가 상황을 바꾼다.

이처럼, 위기의 순간에 실천할 수 있는 응급 듣기법은 다섯 가지로 정리할 수 있다.

1. 멈춤: 바로 반응하지 말고 한 박자 쉰다.
2. 존재감 있게 함께 있기: 말보다 존재감으로 "나는 여기 있어."를 전한다.
3. 공간 주기: 설명·해명보다, 말할 수 있는 여백을 만든다.
4. 짧은 질문: 방향을 묻지 말고 마음을 열게 한다.
5. 조언보다 경청: 해결책을 던지기 전에, 끝까지 듣는다.

누군가 한 사람만 이 다섯 가지를 지켜도 흐름은 달라진다. 감정을 받아주고 말할 수 있게 기다려주는 태도는 단순한 친절이 아니라, 회복의 시작이다. 말로 무엇을 하려 하기 전에, 먼저 들어보자. 그 침묵이 진심을 담고 있다면, 그것만으로도 우리는 관계를 살리고, 감정을 회복시킬 수 있다.

> **"사람의 귀는 가까이 있지만, 마음은 멀리 있다.**
> **그래서 마음으로 듣지 않으면, 아무리 가까워도 들리지 않는다."**
>
> ―탈무드

감정이 격해진 순간, 듣는 사람이 진짜 위기 대응자다. 이제, 실천해 보자. 듣는 것부터.

2장

Identify

나를 모르면 누구와도 통하지 않는다

진짜 나와 마지막으로
대화한 게 언제인가

오랜만에 모인 친구들과의 저녁 자리였다. "너 MBTI가 뭐였지?" 라는 질문에 "ISTJ야."라고 대답하자 친구가 고개를 끄덕였다. "아~ 그래서 피곤해하는구나." 또 다른 친구는 내 휴대폰 배경을 보고 말했다. "와, 일정 다 적혀 있네? 역시 J다!" 웃으며 넘겼지만, 나는 몇 마디로 나를 정의하는 이 상황이 어딘가 묘하게 불편했다.

요즘 MBTI는 일상적으로 흔히 사용된다.
"ISFJ라서 눈치 보잖아."
"ENTP는 워낙 자유롭지."
우리는 서로를 이해하고 싶어서 이 네 글자에 기대지만, 그 틀이 어느 순간 나를 가두는 벽이 되기도 한다.

"나는 왜 이럴까?"

"이 유형답지 않게 행동했네."

이런 질문이 잦아진다면, 나 자신과의 대화를 멈춘 채 틀에 자신을 맞추고 있을지도 모른다.

정말 중요한 건, '내가 지금 무엇을 느끼고 있고, 어떤 생각을 하고 있는지' 스스로에게 묻는 일이다. 남들이 규정한 설명 속의 내가 아니라, 내가 직접 알아가는 '진짜 나'가 필요하다.

직장에서도 마찬가지다. 회의 시간에 한 번 실수하면 "발표에 약한 사람"으로, 회식을 거르면 "까칠한 사람"으로 쉽게 낙인찍힌다. 문제는 그 딱지가 남이 아니라 '나'에게까지 붙는 순간이다.

'나는 원래 그런 사람인가 보다.'

이렇게 믿는 순간부터 우리는 그 이미지에 맞춰 행동하고, 스스로 가능성을 좁힌다.

타인의 기대에
갇혀 사는 현대인의 딜레마

디자인 회사에서 일하는 임 사원은 입사 초반부터 책임감이 강하

고 성실한 직원으로 불렸다. 어느 날, 상사로부터 "디자인 감각이 좀 부족한 것 같네. 기획은 괜찮은데, 감성은 약해."라는 말을 들었다. 그 말은 칭찬도 비난도 아닌 애매한 말이었지만, 임 사원에게는 묘하게 오래 남았다. 시간이 지날수록 그는 자신도 모르게 디자인 관련 업무를 피하게 되었고, "저는 디자인보다는 기획을 더 잘하는 것 같아요."라고 말하곤 했다.

말은 믿음이 되고, 믿음은 습관이 되며, 결국 정체성이 된다. 그렇게 그는 '감각이 부족한 사람'으로 스스로를 규정했고, 새로운 시도를 멈췄다.

현대 사회는 타인의 기준을 끊임없이 보여준다.
"네 나이대면 이 정도는 해야지."
"이런 커리어를 쌓아야 성공할 수 있어."
이런 메시지들은 우리의 진짜 꿈과 목표를 흐릿하게 만든다. 상사의 지시, 동료의 평가, 팀의 목표에 치이며 하루를 보내다 보면 내면의 소리는 점점 작아지고, 어느 순간 완전히 사라진다. 그렇게 우리는 삶의 중심을 잃은 채 표류한다. 마치 나침반 없이 항해하는 배처럼.
그렇다면 이 혼란스러운 상황에서 벗어나기 위해 어떻게 해야 할까? 답은 의외로 간단하다. 내 안에 있는 목소리를 꺼내는 것이다.

영화 〈한국이 싫어서〉의 주인공 계나 역시 비슷하다. 겉으로는 안정적인 삶을 살고 있지만, 반복되는 일상과 '정답 같은 삶'의 압박 속에서 숨이 막힌다. 지하철 창문에 비친 자신을 보며 "나는 지금 어디로 가고 있는 걸까?"라고 질문을 던진다. 그 질문은 그녀를 움직이게 했고, 사람들의 만류에도 그녀는 뉴질랜드행 비행기에 올랐다. 단순히 한국이 싫어서가 아니라, '나는 어떤 사람인지' 스스로 확인하고 싶어서였다.

결국 진짜 중요한 건 타인의 시선이 아니라, 스스로에게 던지는 질문이다. 오늘 하루 동안 어떤 감정을 느꼈는지, 무엇을 할 때 마음이 가벼웠는지, 어떤 순간 불편했는지. 작은 질문들이 쌓일 때 우리는 비로소 '진짜 소통'을 시작한다.

"자신과 소통하지 못하면, 누구와도 소통할 수 없다."
이 말은 단순한 문장이 아니다. 진심으로 나 자신과 마주하지 못하면, 타인과의 관계에서도 진정성을 잃게 된다. 심리학자 칼 로저스는 "우리는 우리가 되어야 할 사람보다, 남들이 원하는 사람이 되기 위해 더 많은 노력을 한다."라고 말했다.

자기 대화 능력이
인생을 바꾸는 이유

　관계가 자꾸 어긋난다면, 돌아봐야 하는 건 상대가 아니라 나 자신일지도 모른다. 회의 중에 들은 말 한마디가 오래 남거나, 점심시간에 했던 대화가 뒤늦게 마음에 걸린 적이 있는가? 그런 날엔 이렇게 물어야 한다.

　'나는 나와 얼마나 가까운 사이일까?'

　소통은 결국 관계다. 타인과의 관계 이전에, 나와의 관계가 있다. 그 관계가 멀어질수록 마음은 쉽게 흔들린다. 내 안에는 여전히 어린 시절의 감정을 품고 있는 '내면아이'가 남아 있기 때문이다. 외로웠던 기억, 인정받고 싶었던 순간, 말하지 못한 상처는 어른이 된 뒤에도 형태를 바꿔 우리를 움직인다.

　몇 달 전, 한 지인과 조용히 차를 마시며 이야기를 나눈 적이 있다. 그녀는 어릴 적부터 "착하다.", "혼자서도 잘한다."라는 말을 자주 들었다고 했다. 막내였지만, 부모님의 관심은 언제나 언니들에게 향했고, 그녀는 스스로를 챙겨야 하는 아이였다.

　"너는 항상 알아서 잘하니까 걱정이 안 돼."

　그 말은 칭찬 같았지만, 어쩐지 늘 혼자 남겨진 기분이었다.

중학교 때 학교에서 상을 받아 집에 돌아온 날, 들뜬 마음으로 상장을 내밀었지만, 부모님은 무심하게 말했다.

"그래, 잘했어. 근데 네 언니 이번에 반에서 1등 했대."

그녀는 웃으며 고개를 끄덕였지만, 그 순간 마음 한쪽이 툭, 꺾이는 소리를 들었다. 그 이후로 그녀는 더 잘해야만, 더 완벽해야만 인정받을 수 있다고 믿게 되었다.

성인이 된 이후에도 그 감정은 여전했다. 직장에서도 완벽하게 해내야만 가치 있는 사람이라고 느꼈고, 작은 실수에도 스스로를 심하게 자책했다. 그러던 어느 날, '내면아이'에 관한 책을 우연히 읽고, 처음으로 어린 시절의 기억을 되짚어보게 되었다. 마음속 작은 아이가 조용히 말을 건넸다.

"그때 참 속상했어. 나도 칭찬받고 싶었는데."

그녀는 눈을 감고 속삭였다.

"많이 외롭고 힘들었겠구나. 정말 애썼어. 지금의 너는, 그 모습 그대로 충분해. 이제는 내가 널 돌봐줄게."

그날 이후, 그녀는 서서히 외부의 시선을 내려놓고 자기 마음을 돌보는 방법을 배워나가기 시작했다.

당신도 다른 사람의 감정을 돌보느라 정작 나 자신을 외면하고 지내지 않았는가? 그렇다면 이제 잠시 멈추어, 스스로의 이름을 불러

보자. 시작은 작아도 된다. 나에게 건네는 짧은 인사 한마디가 작은 습관이 되어, 오래 잊고 지냈지만, 결코 사라지지 않았던 어린 시절의 나에게 손을 내미는 따뜻한 시작이 될 것이다.

감정과 생각을 분리하는
3단계 방법

가끔은 감정을 충분히 들여다보았다고 생각했는데도 여전히 마음이 복잡할 때가 있다. 속마음을 일기처럼 써보기도 하고, 조용한 음악을 틀어놓은 채 눈을 감고 깊이 호흡해보기도 한다. 그런데도 머릿속은 여전히 복잡하고 생각은 제자리걸음이다.

그럴 땐 마음만으로는 부족하다는 걸 깨닫는다. 감정은 우리의 현재 상태를 드러내지만, 그것만으로는 우리가 어디로 나아가야 할지 정해주지 못한다. 진짜 필요한 것은 그 감정 너머에 숨은 생각, 즉 '왜 이런 감정을 느끼는지', '내가 진정 바라는 것은 무엇인지'를 찾아내는 일이다. 감정이 멈추어 서게 하는 신호라면, 생각은 그 신호를 해석하고 길을 여는 나침반이다. 그래서 우리는 '감정과 생각을 분리하는 연습'이 필요하다.

그렇다면 우리는 어디서부터 다시 시작해야 할까?

1단계는 감정을 기록하는 일이다.

사무실이 조용해질 무렵, 프로젝트 매니저 임 사원은 늘 혼자 책상 앞에 남아 있었다. 끝나지 않는 보고서, 조율되지 않는 회의, 쌓여 있는 메일함이 마음을 짓눌렀다.

"이 일을 계속해도 괜찮을까?"

"나는 뭘 원하지?"

수없이 묻지만, 답은 나오지 않았다.

그녀는 포스트잇 한 장을 꺼내어 적었다.

'5년 후 나는 어디에 있을까?'

그러나 막상 마음을 꺼내려니, 감정은 복잡하고 말은 흐릿했다. 하지만 그날 이후 그녀는 매일 짧은 문장을 남겼다.

'오늘은 회의가 버겁다.'

'실수해서 하루종일 불편했다.'

사소했지만 솔직한 기록이었다. 감정이 문장으로 나오자 마음은 한결 가벼워졌다. 어지럽게 흩어져 있던 감정들이 문장으로 정리되며 비로소 '모양'을 갖기 시작한 것이다.

그러나 감정을 기록하는 것만으로는 충분하지 않다. 감정은 출발

점일 뿐, 도착지가 아니다. 그 감정이 내게 무엇을 말하는지 해석해야 한다.

2단계는 감정 뒤의 생각을 발견하는 것이다.

기록이 익숙해지자, 그녀의 문장은 달라졌다. 단순한 감정 토로에서 "왜 이런 감정이 생겼을까?"라는 질문으로 옮겨간 것이다. 그 안에서 바람과 의미가 드러났다.

'외국어를 더 공부하고 싶다.'

'더 넓은 환경에서 일하고 싶다.'

감정이 방향 있는 생각으로 바뀌며, 결국 하나의 문장으로 모였다. '5년 후, 글로벌 프로젝트 매니저 되기.'

이 문장은 하루아침에 나온 게 아니었다. 불안과 지루함이 드러낸 성장 욕구였다, 감정이라는 출구가 생각이라는 문장으로 이어진 것이다. 하지만 생각을 한 번 떠올린다고 길이 되지 않는다. 반복해 각인시켜야 한다.

3단계는 생각을 자기 암시로 만드는 일이다.

그녀는 매일 아침 포스트잇을 꺼내 읽었다. 모니터 옆과 다이어리에 붙인 문장은 하루에도 몇 번씩 눈에 들어왔다. 어느새 그 문장은 행동의 기준이 되었고 '이미 내가 가는 길'처럼 느껴졌다. 반복은 믿음을 만들었고, 믿음은 행동을 바꾸었다. 작고 조용하지만, 나에게 방향을 되찾아주는 도구, 우리는 그것을 '마인드포스트'라고 부른다.

마인드포스트는 거창한 계획표가 아니다. 흩어진 마음을 한 줄로 붙잡아두는 개인용 이정표다. 그래서 삶이 흔들릴수록, 오히려 작은 문장이 더 힘이 세다. 눈앞에 보이는 문장은 "지금의 나"를 "내가 가려는 나"로 다시 연결해준다.

고등학교 시절 오타니 쇼헤이가 그랬다. 그는 종이 한가운데 목표를 적고, 주변에 전략과 행동을 촘촘히 붙였다. 중요한 건 '대단한 목표'가 아니라, 매일 그 종이를 보며 자신에게 질문했다는 점이다.
"왜 이걸 하지?"
"지금 방향이 맞아?" 그 질문이 흔들림을 막았다.

하지만 우리에게 오타니 같은 계획표가 꼭 필요한 건 아니다. 방향을 잃었다는 건, 대개 질문을 놓쳤다는 뜻이니까. 때로는 퇴근 후 20분 산책처럼, 마음을 잠시 멈춰 세우는 루틴이면 충분하다. 그 시간에 오늘 들은 말과 참았던 감정을 한 번만 되짚어도 좋다.
"나는 지금 나를 몰아붙이고 있나?"
"내가 진짜 원하는 건 뭐지?"

많은 성공가들의 공통점도 결국 여기에 있다. 거울 앞의 한 질문, 한 줄의 감사 기록, 짧은 손글씨 메모. 그것들은 습관이기 전에, 나를 잃지 않기 위한 마인드포스트였다.

생각과 감정을 마음속에만 두지 않고 눈앞에 꺼내보는 행위. 그 단순한 실천이야말로, 나 자신과 다시 연결되는 조용한 시작이 된다.

이제 스스로에게 묻길 바란다.
"지금 내가 서 있는 이 자리, 정말 내가 원하는 삶의 방향일까?"
"나는 무엇을 놓치고 있었고, 무엇을 다시 붙잡고 싶은가?"

아주 작은 한 줄의 문장, 당신이 꺼내 쓸 첫 번째 포스트잇 위에 그 대답이 서서히 내려앉을지도 모른다. 그 문장이 당신을 더 단단하게 만들 것이다. 아니, 더 가까이 당신 자신에게로 이끌어줄 것이다.

말투 하나로
사람이 달라 보인다

존경받는 사람들의 말투
3가지 공통점

말을 잘하는 사람이 존경받는 건 아니다. 듣는 사람의 마음까지 헤아리며 말하는 사람이 오래 남는다. 그들의 말에는 공통점이 있다. 말의 모양보다, 말이 닿는 방향을 먼저 생각한다는 점이다. 상대의 기분은 어떤지, 이 상황에서 어떤 말이 필요한지, 무엇을 하지 않아야 하는지. 그들은 말을 꺼내기 전부터 마음을 움직인다.

이들의 말투는 평범한 대화보다 민감한 순간에서 더 뚜렷하게 드러난다. 특히, 누군가 실수했을 때 그 말투는 진가를 발휘한다.

첫째, 말실수를 감싸는 태도를 갖고 있다.

실수 자체를 덮자는 뜻이 아니다. 사람의 체면을 지키면서 문제를 해결하자는 뜻이다. 예를 들어 같은 상황에서도 이렇게 말할 수 있다.

"왜 그렇게 했어요?" 대신 "괜찮아요. 지금 어디에서 꼬였는지부터 같이 볼까요?"

"이건 위험한 말이죠." 대신 "그럴 수 있어요. 말하다 보면 엇나갈 때도 있죠."

핵심은 하나다. 실수를 지적하더라도, 사람을 작게 만들지 않는 말투다. 이 차이가 '위축'과 '회복'을 갈라놓는다.

둘째, 말을 꺼내기 전에 '공감'을 먼저 건넨다.

말을 잘하는 사람은 결론을 서둘러 던지지 않는다. 특히 반박하거나 피드백해야 할 때는 더 그렇다. 먼저 상대의 의도와 맥락을 묻는다.

"이 부분은 어떤 의도였어요?"

"이 선택을 하게 된 이유가 있을까요?"

"제가 이해한 게 맞는지 확인해도 될까요?"

정답을 바로 말하지 않고, 먼저 상대의 생각을 따라가 본 말투. 그 안에는 판단보다 존중이, 비판보다 대화가 담겨 있다. 공감이 먼저 오는 말은 상대의 마음을 여는 열쇠가 된다. 그래서 공감의 말투는 '대화를 위한 준비운동'과도 같다. 말의 내용은 같더라도, 상대의 마음을 먼저 들여다보려는 말투는 그 자체로 신뢰를 만든다.

셋째, 말의 마지막에 따뜻함을 덧붙인다.

직장 대화는 빠르고 명확해야 한다. 하지만 사람은 대화 전체보다 그 말이 끝났을 때의 감정을 더 오래 기억한다. 같은 피드백도 마지막 한 문장에 따라 격려가 되기도, 상처가 되기도 한다.

예를 들어 "이건 틀렸어요."로 끝나는 말과 "이건 다시 체크해봐야 할 것 같아요. 하지만 이번 시도는 정말 창의적이었어요."로 끝나는 말은 전혀 다른 여운을 남긴다. 전자는 관계를 닫고, 후자는 관계를 열어둔다. 말의 끝에 다정한 마침표를 찍는 사람은 상대의 마음에 불편함 대신 따뜻함을 남긴다. 그리고 그 따뜻함이 결국 신뢰가 된다.

말투는 그 사람의 태도다. 하루아침에 바뀌진 않지만, 매일의 말 한 줄, 한 마디 속에서 천천히 다듬어진다. 우리는 하루에도 여러 번 말을 주고받는다. 대화의 목적은 정보를 전달하는 것이지만, 말투는 그 과정에서 관계를 만들고 감정을 남긴다. 어떤 말은 금세 잊히지만, 어떤 말은 말투에 실린 온기 때문에 오래 남는다.

결국 말투는 그 사람이 세상을 어떻게 바라보고, 사람을 어떻게 대하려 하는지를 가장 조용하게, 그러나 분명하게 보여주는 언어다. 지금 당신이 쓰는 말투 안에 '당신'이 들어 있다. 그리고 그 말투는 충분히 바뀌고, 더 깊어질 수 있다.

말이 아니라 말투가 누군가를 위로하고 이끄는 시대다. 이제 우리는 말의 모양보다 말의 결을, 정확함보다 따뜻함을 먼저 고민해야 한다. 고운 말보다 상대가 받아들일 수 있게 건네는 말이 필요한 지금, 말하는 방식이 곧 살아가는 방식이라는 걸 기억해야 한다.

**"사람의 말투에는 그 사람이 어떤 마음으로
세상을 대하는지가 담겨 있다."**

-한강, 『흰』

직장에서 한 단계
업그레이드되는 말투 전략

"말 한마디에 천 냥 빚도 갚는다."라는 속담이 있다. 팀워크와 감정노동이 뒤엉킨 직장에서는 이 문장이 더 현실적으로 들린다. 한국직업능력연구원의 조사에 따르면, 직장인의 89%가 '말 한마디'로 인해 관계가 틀어진 경험이 있다고 답했고, 그중 62%는 관계 회복에 6개월 이상이 걸렸다고 한다. 말 한마디가 사람 사이에 금을 긋는 데는 단 몇 초면 충분하다.

반대로 말투 하나로 팀의 공기를 바꾸는 사람들이 있다. 사람들은 그들을 떠올리며 말한다.
"말을 참 예쁘게 해."
"같이 있으면 기분이 좋아져."

얼마 전 지하철에서 두 직장인이 나누던 대화가 귀에 들어왔다.

"어제 자료에서 핵심 데이터 한 줄이 빠졌잖아. 우리 팀장님은 딱 보시더니 '이 부분은 꼭 들어가야 해. 다음엔 체크리스트로 함께 확인하자.' 하시더라고."
"맞아. 분명 지적인데 이상하게 숨 쉴 틈이 있어. 그래서 더 미안하고, 더 잘하고 싶어져."

문득 궁금해졌다. 왜 어떤 사람은 실수를 짚어도 신뢰를 잃지 않고, 오히려 존경받는 걸까?
결론은 단순했다. 그들은 말을 '예쁘게' 했다. 다만 '예쁘다'라는 게 격식을 차린 문장이나 공손한 표현만을 뜻하진 않는다. 말투에는 그 사람의 마음의 온도, 상대를 대하는 존중, 그리고 자기 감정을 다루는 힘이 그대로 드러난다. 같은 말이라도 어떤 온도로 건네느냐에 따라, 그것은 지시가 되기도 하고 조언이 되기도 하며, 상처가 되기도 하고 성장이 되기도 한다.

말 한마디는 사람의 마음을 돌리기도 하고, 꺾어버리기도 한다. 그 차이는 대개 '무슨 말을 했는지'보다 '어떤 말투로 했는지'에서 갈린다. 단어는 맞는데도 마음이 상하는 순간이 있다. 반대로 같은 지적을 들었는데도 "그래, 다시 해보자." 하고 힘이 나는 순간도 있다. 말투는 감정을 싣고, 감정은 관계를 바꾼다.

서울 강남의 한 IT 회사에서 일하는 정 대리는 소통에 자신이 있었다. 그는 보고를 받으면 짧고 단정하게 답하는 스타일이었다. 어느 날 인턴이 기획안에서 중요한 내용을 하나 빠뜨리자 정 대리는 평소처럼 말했다.

"이런 건 미리 확인했어야죠."

목소리를 높인 것도, 크게 혼낸 것도 아니었다. 하지만 인턴은 그날 이후 보고할 때마다 눈치를 보기 시작했고, 결국 "업무가 저와 맞지 않는 것 같다."라며 조용히 떠났다. 정 대리의 말은 틀리지 않았다. 다만 말투가 차가웠다. 짧은 문장 안에 '실망'과 '거리감'이 함께 실리자, 인턴은 피드백보다 "나는 신뢰를 잃었구나."라는 감정을 먼저 받아들였다.

같은 층, 같은 부서의 이 대리는 정반대였다. 어느 날 막내 사원이 브리핑 자료 순서를 바꿔 제출했을 때, 이 대리는 먼저 물었다.

"순서가 조금 바뀐 것 같은데, 이유가 있을까?"

막내가 당황해 사과하자, 이 대리는 이렇게 정리했다.

"괜찮아. 지금 바로 수정하면 돼. 그리고 덕분에 앞부분이 더 매끄럽게 느껴졌어."

그는 실수를 짚었지만, 사람을 작게 만들지 않았다. 지적보다 질문을 먼저 던지고, 해결로 이어가며, 마지막에 숨 쉴 틈을 남겼다. 같은 '수정 요청'인데도 한쪽은 압박을, 다른 한쪽은 신뢰를 남긴다.

이 차이를 만드는 것이 '말투 전략'이다. 말투 전략은 예쁘게 말하는 기술이 아니라, 상황에 맞는 온도와 방향으로 의도를 전달하는 설계다. 우리는 흔히 말실수라고 하면 거친 욕설이나 큰 소리를 떠올리지만, 관계를 더 자주 끊어놓는 건 무심한 말투다. 내용은 맞았을지라도 "왜 그 말투였지?"라는 지점에서 사람들은 다친다. 그러다 조직 안에서는 비슷한 장면이 반복된다. 딱히 잘못된 말은 아닌데, 말투 하나 때문에 상처가 되고 사람들이 점점 조용해진다.

특히 "그건 어제 말했잖아요." 같은 말이 그렇다. 말은 맞다. 어제 말했다. 하지만 그 말투에 '왜 또 묻느냐.'라는 짜증이 얹히는 순간, 상대는 다시는 묻지 않는다. 질문이 줄면 제안이 줄고, 제안이 줄면 회의는 빨라져도 팀은 무거워진다. 팀워크는 기능만 남고 온기는 사라진다. 말이 정보만 오갈 때, 사람은 스스로를 보호하기 위해 침묵을 선택한다.

그래서 소통의 본질은 "말을 주고받는 것"에서 끝나지 않는다. 소통에는 감정이 흐르고, 말투가 남긴 여운이 남는다. 말이 전달하는 건 정보지만, 말투는 그 사람의 태도와 온도를 함께 데려온다. 같은 내용을 전하더라도 어떤 말투냐에 따라 사람은 움츠러들거나 용기를 얻는다. 결국 진짜 소통은 말투에서 시작된다. "회사에서는 일 잘하는 것만큼 말도 중요하다."라는 말이 설득력 있는 이유도 여기에 있다. 직장에서는 결과뿐 아니라, 갈등 상황에서 어떻게 말을 꺼내는지, 말끝에 배려가 남는지가 함께 읽히기 때문이다.

하루를 떠올려보자. "그거 아직도 안 했어요?"라는 말에 심장이 철렁 내려앉고, "오늘 고생 많았어요."라는 한 마디에 하루가 풀린다. 같은 하루, 전혀 다른 감정의 곡선. 그 차이를 만드는 건 말의 내용보다 말투다. 말에는 체온이 있고, 그 체온이 사람을 얼게도, 녹게도 한다.

문제는 대부분의 사람이 자기 말투를 잘 모른다는 점이다. 친절하게 설명했다고 생각했는데 상대는 날카롭게 들었을 수 있고, 무심코 던진 말투가 누군가에게는 결정적인 거리감이 될 수도 있다. 소통이 어렵다고 느껴질 때, 가장 먼저 바꿔야 할 건 말의 내용이 아니라 말을 꺼내는 방식일지 모른다.

그래서 가끔은 스스로에게 물어야 한다.
'혹시 나도 무심코 던진 말투로 누군가를 다치게 하진 않았는가?'
'친절하게 설명했다고 생각했지만, 상대는 내 말이 날카롭게 들렸다고 느끼진 않았을까?'

소통이 어렵다고 느껴질 때, 가장 먼저 바꿔야 할 건 말의 내용이 아닐지도 모른다. 말을 꺼내는 방식, 바로 당신의 말투일 수 있다.

생각해 보자. 지금 내 말투는, 상대를 이해하게 만드는가, 아니면 움츠러들게 하는가? 조금 더 기다려주는 말, 한 번 더 물어보는 말, 고생했다는 짧은 인사. 그 작은 말들이 쌓이면, 말은 기술을 넘어 신뢰의 언어가 된다.

말투는 결국, 내가 어떤 사람인지를 보여주는 방식이다.

그리고 바로 그곳에서, 직장에서 한 단계 더 성장한 내가 시작된다.

솔직하다고
다 좋은 건 아니다

온라인 촬영 날, 긴장한 채 카메라 앞에 서 있었다. 민 차장이 나를 힐끔 보더니 웃으며 말했다.

"최 과장, 요즘 살 좀 쪘네. 부하게 나오는데?"

나는 당황해 아무런 말도 하지 못했다. 그러자 그녀는 덧붙였다.

"에이~ 내가 좀 솔직하잖아. 알지? 나 빈말 못 해. 하하."

나도 어색하게 웃으며 넘겼지만, 마음은 복잡했다.

이런 말, 익숙하지 않은가. 회식 자리나 점심시간, 회의 도중 누군가 툭 던지는 "나 솔직하잖아."라는 이 말이 '불편해도 참아줘.'라는 면죄부처럼 들릴 때가 있다. 요즘은 예능에서 '솔직한 캐릭터'가 사랑받고, '팩폭' 같은 표현이 직설을 멋으로 포장하기도 한다.

누군가는 그런 말을 "시원하다."라고 말한다. 하지만 다른 누군가에게는 그 한마디가 하루 종일 머릿속을 떠나지 않는다. 같은 말이라도 사람과 상황에 따라 온도가 달라진다. 누군가에게는 통쾌함이지만, 누군가에게는 상처다.

직장에서는 이런 순간이 더 자주 생긴다. 상사가 "솔직하게 말할게."라며 아이디어를 단번에 잘라내거나, 동료가 "난 돌려 말 못 해."라며 날 선 피드백을 던지는 장면들. 그 말은 '팩트'라는 이름으로 보호받지만, 듣는 사람의 마음에는 찜찜함이 남는다. 실제로 한국직업능력연구원의 2021년 보고서에 따르면, 직장인의 63.3%가 동료나 상사의 언행으로 심리적 스트레스를 받은 경험이 있다고 답했다. 모든 원인이 솔직함은 아니겠지만, 말 한마디가 타인에게 큰 부담이 될 수 있다는 사실을 보여준다.

우리는 흔히 "나는 거짓 없이 말하는 사람"이라고 말한다. 진심을 숨기지 않는 것이 용기라고 믿기 때문이다. 하지만 솔직함은 언제나 미덕이 되지 않는다. 말은 요리사의 칼과 같다. 잘 다듬어 쓰면 유용하지만, 날 것 그대로 휘두르면 사람을 다치게 한다.

결국 직장에서의 솔직함은 단순한 정직함이 아니다. 같은 사실이라도 어떻게 말하느냐에 따라 관계의 온도는 완전히 달라진다. 말은 의도가 아니라, 전달된 방식으로 기억되며, 그 기억은 누군가의 하루를 결정짓기도 한다.

'솔직함'이라는
이름의 폭력

소통전문가 김창옥 교수의 강연장에 앉아 있었을 때였다. 그는 무대 중앙에서 특유의 유쾌한 표정으로 말을 꺼냈다.
"어머~ 자기 뱃살 봐. 살 좀 빼야겠어!"
객석에는 웃음이 터졌고, 나도 모르게 따라 웃었다. 김 교수는 이어서 이렇게 말했다.
"상대가 그 말에 상처를 받았다고 하면요? '어머~ 나 원래 솔직하잖아. 나 거짓말 못 하잖아~' 이렇게 넘기죠."
처음엔 웃으며 듣다가도, 이 말이 가슴에 콕 박힌다.
'정말 그게 그냥 솔직한 걸까?'

"나 원래 솔직하잖아."

이 말은 마치 만능 면책 카드처럼 쓰인다. 하지만 그 말이 누군가에게 상처가 되었다면, 그것은 솔직함이 아니라 무례다. 배려 없는 솔직함은 직설이 되고, 존중 없는 진심은 무례가 된다.

특히 다양한 성격과 감정을 가진 사람들이 함께 일하는 직장에서는, 말 한마디의 여운이 길다. 같은 말도 누군가는 조언으로, 누군가는 비난으로 받아들인다. 말의 핵심은 '내 의도'가 아니라 상대에게 어떻게 남는가에 있다.

마케팅팀 막내 이 사원은 입사 후 처음으로 캠페인 아이디어 발표를 맡았다. 주말을 반납해 시장조사부터 디자인까지 준비했고, 발표를 마친 뒤엔 떨리는 손으로 포인터를 내려놓았다. 잠깐의 정적 후, 선배 과장이 웃으며 말했다.

"수고했어. 근데 이거 예전에 했던 아이디어랑 비슷한데? 좀 뻔하다."

내용만 보면 틀린 말은 아닐 수 있다. 그러나 '농담처럼' 던진 말투는 이 사원의 자신감을 꺾고, 회의실 공기를 순식간에 얼렸다. 이후 그는 발표에서 한 발 물러섰고, 팀 전체도 조심스러워졌다. 솔직함이 '사실'이 되는 순간보다, 사람이 위축되는 순간이 더 오래 남았다.

솔직함이 문제 되는 건 피드백 때만이 아니다. 협업에서도 마찬가지다. 개발팀 박 연구원은 맡은 일은 완벽하게 해냈지만, 협업 요청이 오면 단호하게 선을 그었다.

"그건 제 일이 아닙니다."

그에게는 명확한 사실이었겠지만, 동료들에게는 문을 닫는 말로 들렸다. 결국 사람들은 도움을 요청하지 않게 되고, 그는 '혼자 일하는 사람'으로 굳어졌다. 같은 거절이라도 "지금은 여유가 없는데, 어떤 도움이 필요한지 먼저 들어볼게요"처럼 말하면, 결과는 달라진다. 단 한 문장이 협업의 가능성을 남긴다.

아이디어가 오가는 회의에서도 마찬가지다. 디자인팀 조 대리는 새로운 제안이 나오면 곧바로 잘라 말했다.

"그건 불가능해요."
시간을 아끼는 현실적 판단이라고 생각했지만, 반복되는 '불가능'은 팀원들의 입을 닫게 했다. 어느 날 신입 디자이너가 트렌드를 반영한 SNS 광고 포맷을 제안했을 때도 그는 말했다.

"예산 낭비예요. 우리 브랜드랑도 안 맞고요."

그 한마디에 신입은 이후 발표를 사양했고, 회의의 활력도 함께 사라졌다. "지금은 어렵지만, 이 의도는 좋네요. 다른 방식으로 살릴 수 있을까요?" 같은 말투였다면, 아이디어도 사람도 함께 살릴 수 있었을 것이다.

결국 솔직함은 관계의 열쇠가 되기도 하고, 단절의 시작이 되기도 한다. 그 경계는 '팩트'가 아니라 태도에 있다. 솔직함이 진짜 힘을 가지려면, 먼저 확인해야 한다.

지금 내 말이 '정직함'인가, 아니면 '솔직함을 빌린 무례'인가.

타이밍이 생명인
솔직한 소통법

일을 하다 보면 누구나 한 번쯤 대나무숲에 대고 "임금님 귀는 당나귀 귀!"를 외치고 싶어진다. 감정이 쌓이면 본능적으로 누군가에게 털어놓고 싶고, 그 순간엔 잠깐 후련하다. 하지만 직장에서의 솔직함은 다르게 작동한다. 말은 쉽게 사라지지 않고, 뜻밖의 경로로 퍼지며 관계와 기회를 바꿔놓는다. 그래서 직장에서는 '무슨 말을 할지'만큼 '언제 말할지'가 중요하다.

특히 세 가지 주제는 타이밍이 어긋나면 곧바로 리스크가 된다. 커리어 계획, 동료·상사에 대한 불만, 사생활 공유다.

먼저 커리어 계획은 가장 예민하다.

이직이나 진로 고민은 진심을 털어놓는 말처럼 들리지만, 직장에서는 쉽게 "곧 떠날 사람"이라는 프레임으로 번역된다. 김 대리는 친한 동료에게 "내년에 이직 준비하려고"라고 말한 적이 있다. 위로는 받았지만, 며칠 뒤 장기 프로젝트 명단에서 자신이 빠졌다는 사실을 알게 됐다. 팀장은 "장기 프로젝트를 맡기기 어렵다."라는 판단을 내렸고, 그 말은 의도와 무관하게 김 대리의 자리와 기회를 조용히 좁혔다. 직장에서 솔직함은 종종 '의도'보다 '결과'로 기억된다.

두 번째는 불만이다.

감정이 올라온 순간 내뱉은 하소연은 가장 빠르게 와전된다. 리서치 회사 이 주임은 선임이 자신의 기획안을 가져간 듯한 상황이 억울했지만, 점심시간에 "그냥 참았다."라는 말로 조용히 털어놓았을 뿐이었다. 그런데 그 말이 돌고 돌아 '뒷담화'로 포장돼 전달됐고, 선임의 태도는 냉랭해졌다. 그 뒤로 팀 분위기까지 어색해졌다. 직장에서는 말이 '흘러가는' 게 아니라, 누군가의 해석을 입고 '남는다'.

그래서 감정이 치밀 때일수록 먼저 브레이크가 필요하다. 가장 간단한 방법은 딱 6초 멈추기다. 입을 열기 전에 숨을 한 번 고르고, 스스로에게 묻는다.

"이 말은 감정을 풀기 위한 건가, 문제를 해결하기 위한 건가?"

해결을 위한 말이라면 '사람'이 아니라 '행동'과 '상황'을 중심으로, 차분한 자리에서 다루는 편이 낫다. 반대로 지금은 그냥 분출에 가까운 말이라면, 회사 밖의 안전한 사람에게 푸는 게 훨씬 덜 위험하다.

세 번째는 사생활 공유다.

직장은 친밀해지기 쉬운 공간이지만, 그 친밀함이 영원히 유지된다는 보장은 없다. 박 주임은 가까워진 동료에게 "요즘 집안 간병 문제로 집중이 안 된다."고 털어놓았다. 위로는 받았지만, 평가 시즌이 가까워지자 그 말은 "요즘 지쳐 있다."라는 정보로 재가공돼 윗선에 전해졌다. 의도는 선의였을지 몰라도, 결과는 '불안정한 직원'이라는 인상으로 남았다. 사적인 이야기는 공감으로 끝나기도 하지만, 조직에서는 쉽게 '관리해야 할 변수'로 바뀐다.

솔직함의 타이밍은, 결국 나와 상대 모두를 지키는 감정의 브레이크다. 좋은 말도, 좋은 순간에 전해질 때 가장 깊이 닿는다. 말을 꺼내기 전, 잠깐만 멈춰보자. 지금의 솔직함이 관계를 살리는 말인지,

감정에 밀린 말인지부터 확인하는 것이다. '지금'이 아니라 '조금 뒤'가 더 안전한 순간도 있다. 타이밍을 한 번만 점검해도 말은 훨씬 단단해지고, 불필요한 오해는 줄어든다.

말하긴 전 자신에게 물어보자.
'이 말은 꼭 지금 해야 할까?'
'지금은 적절한 타이밍일까?'

티 나지 않게 존재감을 높이는 사람들의 비밀

자기 PR이라고 하면 흔히 '튀는 것'이나 '나서는 것', 혹은 '과장하는 것'으로 오해한다. 하지만 진짜 자기 PR은 다르다. 자리를 지키되, 필요한 순간을 감지하고 조심스럽게 한 걸음 내딛는 감각이다. 누군가에게 다가갈 줄 아는 용기, 내가 하는 일을 분명한 언어로 설명하는 힘. 이는 잘 보이기 위한 기술이 아니라, 내 가치를 드러내는 방식이다.

영화 〈악마는 프라다를 입는다〉를 본 적이 있는가? 자신의 꿈과는 거리가 먼 패션 잡지사에서 일하게 된 주인공 앤디. 낯선 환경에서 어색함과 혼란을 버티며 시키는 일만 묵묵히 해낸다. 커피 심부름, 전화 응대, 지시받은 업무를 반복하며 '언젠가 알아주겠지'라고 믿는다. 하지만 곧 깨닫는다. 시키는 대로만 해서는 인정받기 어렵다는 것을. 변화는 거창한 반전이 아니라, 작은 질문에서 시작된다.

"이 일의 의도는 뭘까?"

"내가 한 발 더 움직이면 무엇이 달라질까?"

그 질문을 품는 순간, 앤디는 '일을 하는 사람'에서 '일을 읽는 사람'으로 바뀌기 시작한다. 그리고 그 변화는 상사의 신뢰, 동료와의 관계, 커리어의 주도권까지 흔든다.

이 영화가 던지는 질문은 분명하다.

'시키는 일만 하면서도, 원하는 미래에 도달할 수 있을까?'

현실에서도 비슷한 순간이 찾아온다. 열심히 일하는데도 "요즘 저 사람 뭐 해?"라는 말을 듣거나, 한 번 의견을 내면 "괜히 튀려고 한다."라는 반응을 마주한다. 그래서 우리는 늘 줄타기를 한다. 존재감을 드러내지 않으면 기회가 오지 않고, 억지로 나서면 경계의 대상이 된다. 이 딜레마 속에서 결국 한 가지 질문으로 수렴한다.

'나도 조금 더 나를 드러낼 필요가 있는 건 아닐까?'

직장은 결과로 말하는 공간이다. 하지만 결과조차 전달되지 않으면 인정으로 이어지지 않는다. 아무리 성실하게 일해도 누군가 알아채지 못하면 노력은 조용히 묻힌다. 여기서 중요한 건 '눈에 띄기'가 아니라 '기억되기'다. 존재감은 화려함이 아니라, "저 사람은 무엇을 잘하는지"가 명확하게 남는 상태다.

결국 자기 PR은 나를 과시하는 일이 아니다. 내가 만든 결과와 강점을 필요한 순간, 필요한 방식으로 보이게 하는 일이다. 실력은 기본이고, 그 실력을 전달하는 언어가 있어야 기회가 연결된다. 티 나지 않게 존재감을 높이는 사람들의 비밀은 단순하다. 나를 크게 만드는 것이 아니라, 나를 분명하게 만드는 것.

나대지 않으면서도 인정받는 절묘한 밸런스

"보고는 실시간으로 올려. 퇴근한다고도 단톡방에 적어. 어필은 스스로 해야 해."
강 차장은 '보이는 일'을 중요하게 여겼다. 누구보다 성실했고 노력도 많았다. 하지만 어필이 지나치면, 노력은 성실이 아니라 '징징거림'으로 오해받기도 한다. 결국 그는 안타깝게도 권고사직이라는 결과를 맞았다.

그 장면을 보며 질문이 남는다. 정말 나를 드러내야 인정받는 걸까. 아니면 묵묵히 해내고 있으면 누군가 알아줄까. 나서자니 눈치가 보이고, 조용히 있자니 존재감이 사라지는 것 같다. 이 딜레마 속에서, 우리는 매일 균형을 고민한다.

그렇다면, 지금 나는 어떤 방식으로 나를 드러내고 있을까? 아래 항목 중, 당신에게 해당하는 문장에 체크해보자. 더 많이 해당하는 쪽이 나의 PR 성향이다.

비고	적극적 자기 PR	소극적 자기 PR
말	☐ "제가 해보겠습니다."	☐ "꼭 해야 하나요?"
생각	☐ 조금 더 창의적인 방법은 없을까?	☐ 그냥 하던대로 하자.
업무	☐ 업무 관련 정보, 최근 뉴스에 관심	☐ 자신의 관심사에만 집중
행동	☐ 새로운 일에 먼저 나선다.	☐ 시키는 일만 한다.
관계	☐ 다양한 사람과 어울린다.	☐ 익숙한 사람하고만 지낸다.

당신은 어느 쪽에 더 가까운가? 말로 적극적으로 드러내는 타입일 수도 있고, 조용히 실력으로 말하는 타입일 수도 있다. 중요한 건, 방식이 아니라 전달이다. 그리고 이 전달에는 전략이 필요하다.

그러니 이제는 질문이 바뀐다.
"어떻게 드러낼 것인가?"

요즘처럼 자기 PR이 중요해진 시대에는 '나만의 방식으로 나를 드러내는 일'이 더 이상 선택이 아니라 누구에게나 필요한 역량이 되고 있다. MZ세대 직장인 454명 중 61.0%가 '셀프 브랜딩'이라는 말을 들어봤고, 26.7%는 실제로 활동 중이라고 답했다(알바몬, 2024). 온라인에서는 포트폴리오 한 장, SNS 한 줄로도 존재감을 증명하는 시대다.

그런데 유독 '회사'에서는 자기 PR이 더 조심스럽다. 조금만 적극적으로 말하면 "오버한다."라는 반응을 만나고, 너무 조용하면 "있어도 그만"이라는 시선을 받는다. 그래서 우리는 늘 망설인다.
"어디까지 드러내야 하지?"

이 균형을 놓치면, 진심도 어색하게 보인다. 강 차장은 '보이는 일'을 열심히 했다. 업무 상황을 실시간으로 공유하고, 사소한 진행도 자주 보고했다. 본인은 책임감이라고 믿었지만, 동료들은 피로감을 느꼈고 상사는 "괜히 일을 키운다."라고 받아들였다. 결국 노력은 인정으로 이어지지 못했다. 너무 잦고 과한 어필은 '성실함'이 아니라 '조급함'으로 번역될 수 있다.

반대로 황 대리는 말이 적었다. 기한을 지키고 결과물도 깔끔했지만, 그 성과를 굳이 설명하지 않았다. "말하지 않아도 언젠가 알아주겠지.”라고 믿었지만, 평가 시즌이 되자 그의 이름은 쉽게 떠오르지 않았다. 회사는 ‘잘하는 사람’만큼이나 ‘기억되는 사람’에게 기회를 준다. 조용함이 미덕이 되는 순간도 있지만, 지나치면 존재가 묻힌다.

둘 다 틀린 건 아니다. 다만 공통점이 있다. 진심이 있어도 전달되지 않으면 기회는 멀어진다. 너무 앞서 나가도, 너무 뒤로 빠져 있어도 결국 ‘없던 사람’이 된다. 필요한 건 과장이 아니라 정확한 전달이다.

많은 직장인이 자기 PR을 ‘억지 자랑’으로 오해한다. 하지만 핵심은 자기 PR은 자랑이 아니라 ‘내가 어떤 일을 해냈는지, 어떻게 해냈는지, 앞으로 무엇을 시도하고 싶은지’ 구체적으로 드러내는 행동이라는 점이다. “열심히 했습니다.”가 아니라 “무엇을, 어떻게, 어떤 결과로”를 남기는 것이다.

예를 들어 연말 평가서에 “업무를 기한 내 처리함” 한 줄만 적히면, 팀장은 그 사람이 ‘무엇을 바꿨는지’를 떠올리기 어렵다. 반대로 “신규 기법을 적용해 문의가 20% 늘었습니다.”처럼 한 문장만 구체적이어도, 강점과 기여가 선명해진다. 다음 기회는 대개 그 선명함을 따라간다.

자기 PR은 결국 내가 해낸 일(성과), 내가 한 방식(기여·역할), 다음에 하고 싶은 시도(의지·방향), 이 세 가지를 또렷하게 남기는 일이다.

거창할 필요 없다. 딱 두 문장이면 충분하다.
"이번 프로젝트에서 제가 ○○를 맡아 △△를 개선했고, 그 결과 □□가 달라졌습니다."
"다음에는 이 경험을 바탕으로 ○○까지 확장해보고 싶습니다."

이렇게 자연스럽게 내 목소리를 낼 수 있다면, 당신은 더 이상 '있는 듯 없는 듯한 직원'이 아니라 '자리를 만드는 사람', '기회를 부르는 사람'으로 기억될 것이다. 당신은 어떤 존재로 남고 싶은가? 조명이 꺼진 후에도, 누군가의 마음에 오래도록 남는 그런 이름이길.

실력으로 말하는 사람들의
3가지 습관

회사라는 공간에서, 사람들은 종종 불편함을 참지 못하고 표출한다. '말해야 바뀐다.', '솔직한 피드백이 변화를 만든다.'라는 믿음이어서, 불만을 꺼내는 태도가 용기로 보이기도 한다. 하지만 같은 말이 반복되면 어느 순간 '문제 제기'가 아니라 '불평'으로 들리기 시작한다. 진심이 있어도, 말만 앞서면 존재감은 오히려 가벼워진다.

진짜 존재감은 말솜씨가 아니라 실력에서 시작된다. 조직에서 오래 인정받는 사람은 '내가 할 수 있다.'라고 주장하는 사람이 아니라, 결과와 태도로 예측이 가능한 사람이다. 그래서 사람들은 그에게 일을 맡기고, 그의 판단을 믿는다. 그렇다면 이런 사람들은 어떤 습관을 갖고 있을까? 실력을 조용히 증명해내는 사람들에게는 세 가지 공통점이 있다.

첫째, 성장을 멈추지 않는다.

신뢰는 뜬금없이 생기지 않는다. 누군가가 "좋다, 내가 책임질게. 해보자."라고 말했을 때 그 말이 가볍지 않은 이유는, 그 뒤에 축적된 공부와 준비가 있기 때문이다. 실력으로 말하는 사람은 매일 조금씩 자신을 업데이트한다. 시장을 읽고, 흐름을 정리하고, 필요한 정보를 먼저 챙긴다. 말은 단순한 자신감이 아니라, 준비가 만든 확신일 때 힘을 갖는다.

둘째, 경청으로 마음을 얻는다.

이들은 회의에서 말을 많이 하지 않는다. 대신 사람들의 이야기를 끝까지 듣고, 핵심을 기억한다.

"아, 그랬구나. 많이 힘들었겠다."

짧은 한 문장이라도 진심이 있으면 관계의 온도가 바뀐다. 해결책을 즉시 내놓지 않아도 된다. 말의 끝을 막지 않는 태도 자체가 신뢰가 된다. 경청은 착한 성격이 아니라, 조직 안에서 작동하는 '조용한 실력'이다.

셋째, 주도성과 긍정으로 영향력을 키운다.

실력은 전문 지식만이 아니다. 일이 비어 있는 순간 먼저 손을 들고, 책임을 피하지 않고, 팀의 에너지를 떨어뜨리지 않는 태도도 실력이다. "해봤자 안 될 거야."가 아니라 "일단 해보자."로 움직이는 사람에게 기회가 모인다. 필요한 순간 "제가 맡아볼게요."라고 말할 수 있는 용기, 그 뒤를 끝까지 책임지는 태도는 결국 존재감을 만든다.

실력은 단순한 전문 능력만을 뜻하지 않는다. 위기 상황에서 나서는 태도, 사람을 안심시키는 말투, 긍정으로 팀의 에너지를 유지시키는 힘도 실력의 한 종류다. 실력으로 말하는 사람들은 결국 모두 먼저 움직이는 사람들이다. 공부를 먼저 시작하고, 경청을 먼저 실천하며, 책임을 먼저 짊어진다. 이들의 공통점은 단순하다. 말은 늦고, 행동은 빠르다.

그래서 신뢰는 자연스럽게 따라붙고, 존재감은 조용하지만 깊게 자리 잡는다. 직장에서 존재감을 높인다는 건 결코 화려한 말솜씨나 특별한 스펙만을 의미하지 않는다. 묵묵히 쌓은 실력, 동료의 마음을 들어주는 따뜻함, 그리고 필요한 순간 용기 내어 나서는 태도. 이 모든 것이 습관처럼 반복될 때, 그것은 더 이상 노력의 결과가 아니라 당신의 실력이 된다.

오늘 회의에서 한번 의견을 내보자. 동료의 제안에 "제가 한번 해볼게요."라고 답해보자. 말이 없던 동료와 점심을 함께 해보는 것도 좋다. 그렇게 쌓이는 작고 꾸준한 습관 하나하나가, 어느새 당신을 가장 오래 기억되는 사람으로 만들어줄 것이다. 존재감은 특별한 말로 만들어지지 않는다. 습관이 실력을 만들고, 실력이 결국 당신을 말해준다.

나의 존재감 온도 측정하기

"당신은 조직 안에서 얼마나 '티 나는 사람'인가?"

성실하게 일하는 것만으로는 존재감이 생기지 않는다. 말을 아끼는 사람보다, 필요할 때 한마디 할 줄 아는 사람, 묵묵히만 하는 사람보다, 다른 사람의 눈에 '보이는 실력'을 가진 사람이 조직 안에서 오래 기억되고, 기회도 더 많이 받는다.

다음 항목 중 자신에게 해당되는 문항을 체크해보자.

총 10개 문항 중 YES 개수로 당신의 존재감 온도를 확인할 수 있다.

번호	테스트 문항	YES 체크
1	회의에서 내 의견이 기록되거나 실행된 적 있다	
2	상사가 중요한 업무에 나를 먼저 부른다	
3	동료가 조언이나 피드백을 구하러 나를 찾는다	
4	"그거 제가 같이 해볼게요."라고 말한 적 있다	
5	새로운 프로젝트에 자원해서 참여한 적 있다	

번호	테스트 문항	YES 체크
6	내 이름이 회의 중 언급된 적 있다	
7	"있으면 든든한 사람"이라는 말을 들어본 적 있다	
8	타 부서나 외부 파트너가 나를 알고 있다	
9	"그건 ○○○(나)한테 맡기면 돼."라는 말을 들은 적 있다	
10	내가 빠졌을 때 팀이 '티 나는 공백'을 느낀 적이 있다	

총 체크 수 (   )개

나의 존재감 온도 테스트 결과표

체크 개수	0~2
존재감 온도	36.5도 ▸ 투명 인간 모드
당신의 상태	묵묵히 일하지만 눈에 띄지 않음
왜 이런 상태일까?	말수가 적고, 맡은 일만 수행 / 주도적인 순간이 적다.

필요한 행동 전략		
• 한 마디 더하기	▸ 회의에서 짧게라도 의견 말하기	
• 손 먼저 들기	▸ "제가 해볼게요."라고 말해보기	
• 내 존재 남기기	▸ 회의록, 대화방에 내 흔적 남기기	

체크 개수	3~5
존재감 온도	38도 ▸ 예열 중인 실력자
당신의 상태	성실하고 따뜻하지만 조용한 편 하지만 '조용한 에이스' 느낌
왜 이런 상태일까?	혼자 처리하되 드러내지 않음 / 팀 전체 영향력은 낮은 편

필요한 행동 전략		
• 반응력 키우기	▸ 동료 제안에 "좋아요, 같이 해봐요."	
• 업무 공유하기	▸ 내가 한 일은 짧게라도 공유	
• 대화 시도하기	▸ 팀원에게 먼저 점심 제안해 보기	

체크 개수	6~8
존재감 온도	40도 ▸ 팀의 숨은 에이스
당신의 상태	신뢰받고 중심에 가까워진 상태 존재감 올라오는 중
왜 이런 상태일까?	결과로 보여주는 건 잘하지만 조직 전체에 미치는 영향력은 시작 단계

필요한 행동 전략

- 팀 관점으로 말하기 ▸ 제안 시 "우리 팀에 좋을 것 같아요."
- 후배 도와주기 ▸ 작은 멘토링 시도해 보기
- 브랜드 남기기 ▸ 회 문서 · 회의에 이름/기획자로 기록되기

체크 개수	9~10
존재감 온도	42도 ▸ 핵심 인재
당신의 상태	말 · 태도 · 실력 모두 인정받는 사람 조직의 중심인물
왜 이런 상태일까?	팀의 흐름을 알고 이끄는 사람 / 신뢰 기반 영향력이 이미 있음

필요한 행동 전략

- 후배 키우기 ▸ "이번 건 ○○○가 해보면 어때요?"
- 흐름 설계하기 ▸ 내가 없어도 굴러가는 시스템 만들기
- 문화로 남기기 ▸ 분위기, 말투, 기준을 남기는 리더 되기

직장에서 절대 하면 안 되는 말 TOP 5

"말 한마디가 분위기를 바꾸고, 당신의 신뢰도를 정한다."
아무 생각 없이 던진 말 한마디, 그게 당신을 '같이 일하기 싫은 사람'으로 만들 수 있다.

자, 당신은 몇 개나 해봤는가?

• 하지 말아야 할 말	"그건 제 일이 아닌데요?"
• 이렇게 들린다	"협업 안 해요."
• 왜 위험할까?	**협업 거부로 비쳐 신뢰가 하락할 수 있다.**

• 이렇게 바꿔보자	"제가 어떤 부분을 도와드릴 수 있을까요?"

• 하지 말아야 할 말	"난 바빠서 못 해요."
• 이렇게 들린다	"당신 일은 덜 중요해요."
• 왜 위험할까?	**상대방은 자신의 요청이 가볍게 무시당했다고 느낀다.**

| • 이렇게 바꿔보자 | "지금 다른 일이 있어요. 언제까지 필요하신가요?" |

• 하지 말아야 할 말	"그건 불가능해요."
• 이렇게 들린다	"시도할 생각도 없어요."
• 왜 위험할까?	**가능성을 닫는 말은 매사에 부정적인 사람처럼 보이기 쉽다.**

| • 이렇게 바꿔보자 | "지금은 어려워 보이지만 다른 방법을 찾아볼게요." |

• 하지 말아야 할 말	"○○ 씨는 말이야…"(뒷담화)
• 이렇게 들린다	"난 뒷담화 하는 사람이에요."
• 왜 위험할까?	**뒷담화는 조직 내 신뢰를 무너뜨리고, 분위기를 망친다.**

| • 이렇게 바꿔보자 | "○○ 씨와 의견 차이가 있는데, 어떻게 풀어가면 좋을까요?" |

• 하지 말아야 할 말	"그건 제 잘못 아닌데요?"
• 이렇게 들린다	"책임질 생각 없어요."
• 왜 위험할까?	**책임 회피는 신뢰를 빠르게 떨어뜨린다.**

| • 이렇게 바꿔보자 | "제가 책임질 부분이 있다면, 함께 해결해 볼게요." |

3장

Feedback

피드백 하나로
조직의 운명이 갈린다

피드백이 사라진 조직은
조용히 무너진다

잘되라고 조언했지만, 돌아오는 건 어색한 침묵뿐이다. 팀원은 좀처럼 달라지지 않는다. 왜 내 피드백은 의도와 다르게 들릴까? 피드백이 어려운 건 '내용'보다 '방식' 때문이다.

침묵하는 조직의
위험 신호 5가지

최근 SNS에서 '스하리완'이라는 말이 유행처럼 번졌다. '스레드 팔로우(스)', '좋아요(하)', '리포스트(리)'를 모두 완료했다는 뜻이다. 서로의 게시물을 퍼 나르며 유대감을 확인하는, 디지털식 우정 표시

다. 나도 그 흐름에 올라탔다. 하트와 맞팔이 오갈수록 인정받는 기
분이 들었다.

그런데 잠시 바빠서 접속을 못 한 사이, 팔로워 수가 눈에 띄게 줄
어 있었다. 알고 보니 '뒷삭'이었다. 팔로우해 놓고 맞팔이 오면 몰래
언팔하는 행동. 겉으로는 관계를 맺은 듯하지만, 실은 숫자를 늘리
기 위한 전략일 뿐이다.

그래서 스레드에는 어렵지 않게 이런 문장들이 보인다.
"뒷삭 안 함. 진정성 있는 연결만 원합니다."

이상하게 그 한 줄이 회의실 풍경과 겹쳐 보였다. "자유롭게 의견
주세요."라고 말하며 소통하려는 듯 보이지만, 결론은 이미 정해져
있는 회의. 질문은 많아도 반응은 늘 같고, 결국 사람들은 말하는 걸
멈춘다. 침묵은 갈등이 없어서가 아니라, 말할 여지가 없어서 생긴다.

당신은 어떤가? 듣는 척하지만 정해진 이야기를 하고 있진 않은
가? 피드백이 없는 조직이 위험한 이유는, 사람을 혼내지 않아서가
아니라, 움직이지 않게 만들기 때문이다.
사람들이 침묵할수록 조직도 멈춘다. 그리고 그런 조직엔 공통된
위험 신호가 있다.

첫 번째는 '안전한 무난함'이 지배하는 분위기다.

겉으로는 "혁신하자."를 외치지만, 실제 메시지는 "실패하지 마라."일 때가 많다. 그러면 구성원은 새로운 시도보다 검증된 방식부터 떠올린다. 아이디어가 부족해서가 아니라, 말하기 전에 스스로 검열하는 분위기가 굳어진 것이다.

두 번째는 '형식'이 '소통'을 대체하는 현상이다.

회의는 길고 체계적이다. 보고와 공유, 질의응답까지 완벽해 보이지만 정작 중요한 이슈는 늘 뒤로 밀린다. 고객 불만, 시스템 오류, 협업 갈등 같은 문제는 "회의 끝나고 따로"라는 말로 정리되고, 결국 아무도 끝까지 책임지고 다루지 않는다. 소통이 많아 보이지만 핵심은 오가지 않는다. 이것은 소통이 아니라 소통의 착시다.

세 번째는 '좋은 사람'으로 남고 싶은 리더의 회피다.

다정함과 회피는 다르다. 결정적인 순간에 말하지 않으면 기준이 흐려지고 불공정감이 커진다. 열심히 하는 사람은 억울해지고, 문제가 있는 사람은 같은 실수를 반복한다. 모두를 편하게 하려던 태도가 결과적으로는 아무도 성장시키지 못하는 선택이 된다.

네 번째는 '완벽주의'가 만든 피드백 공포증이다.

피드백이 학습이 아니라 평가가 되는 순간, 팀은 조용해진다. 작은 실수 하나도 날카롭게 지적받는 환경에서는 "안 틀리는 것"이 목표가 된다. 그 결과 실수는 줄어도 시도도 함께 줄어든다. 조용해진 팀은 안정적으로 보이지만, 실제로는 움츠러든 상태다.

다섯 번째는 '일방통행 소통'의 고착화다.

공지는 빠르고 목표는 명확하다. 하지만 현장의 문제와 아이디어는 위로 올라가지 못한다. "건의함에 넣어주세요"로 끝나는 구조에서는 정보는 흐르지만 반응은 흐르지 않는다. 결국 소통은 대화가 아니라 방송이 된다.

이런 조직들의 공통점은 겉으로는 '소통'을 강조하지만, 실제로는 진짜 이야기가 오가지 않는다는 것이다. SNS에서 좋아요는 누르지만, 마음을 담은 댓글은 남기지 않는 것처럼 말이다.

하지만 모든 조직이 그런 건 아니다.

단 한 마디의 피드백이 한 사람을 바꾸고 팀의 공기를 바꾸는 순간도 분명히 있다. 핵심은 "말하라"가 아니라, 말이 오갔을 때 어떻게 듣고 어떻게 반응하느냐에 있다. 말이 오가는 조직과 마음이 오가는 조직의 차이를 만드는 건 결국 피드백 문화다. 피드백이 살아 있는 팀과 그렇지 않은 팀은 무엇이 다를까? 당신의 팀은 어디에 속하는가?

피드백 문화가 살아있는 팀 VS
죽은 팀의 차이

월요일 오전 9시, 같은 시간에 시작되는 두 개의 회의가 있다. 겉보기엔 비슷하지만, 회의실 안의 공기는 완전히 다르다.

A 팀에서 팀장은 전날 고객 피드백을 공유한다.

"서비스가 복잡하다는 의견이 많았어요."

신입이 조심스럽게 말한다.

"온보딩을 더 단순화하면 어떨까요? 제가 처음 써봤을 때도 헷갈렸어요."

팀장은 곧바로 묻는다.

"어느 지점이 특히 복잡했어요? 예시로 한번 짚어볼래요?"

질문이 이어지자 말이 풀리고, 화이트보드엔 쟁점과 아이디어가 쌓인다. 짧은 시간 안에 모두가 한 번은 입을 연다.

같은 시간 B 팀도 똑같이 고객 피드백을 듣는다. 팀장은 말한다.

"서비스가 복잡하답니다."
그리고 멈춘다.
"질문 있으면 하세요."

잠깐의 침묵이 길게 늘어진다. 팀원들은 속으로 정리한다.
'말해봤자 바뀌지 않을 텐데.'
결국 팀장이 혼자 방향을 정하고 회의는 끝난다. 회의 시간은 흘렀지만, 대화는 거의 없었다.

이 차이는 성격이나 분위기의 문제가 아니다. 피드백 문화가 살아 있는가, 죽어 있는가의 차이다. 피드백이 사라진 조직은 겉으로는 평온해 보이지만 안에서는 열정이 식고 참여가 줄어든다. 더 분명한 공통점도 있다. 정보는 위에서 아래로만 흐르고, 아래에서 위로 올라가는 통로는 닫혀 있다. 현장에서 먼저 문제를 감지한 사람이 말할 수 없는 구조. 그래서 모두가 같은 결론에 도달한다.
"말해봤자."

반대로 피드백이 살아 있는 팀은 말이 '판단'으로 끝나지 않는다. '응답'으로 돌아온다. 한 스타트업의 신입인 김 사원은 회의 시간에

늘 조용했다. 어설퍼 보일까 봐, 흐름을 끊을까 봐 말하지 못했다. 그러다 어렵게 의견을 냈다.

"타깃을 30대 초반까지 넓히면 어떨까요?"

팀장은 바로 반응했다.

"좋아요. 근거랑 방안까지 한번 정리해 볼래요?"

그 한 문장이 김 사원을 움직였다. 아이디어의 완성도를 따지기 전에, 말한 사람의 존재를 인정받았기 때문이다. 이후 김 사원은 더 자주 말했고, 팀도 더 쉽게 의견을 주고받기 시작했다.

피드백이 죽은 팀에서는 반대의 일이 생긴다. 누군가 며칠 밤을 새워 만든 결과물을 올렸는데, 돌아오는 말이 없다. "좋아요."도, "이건 고쳐야 해요."라는 말도 없다. 그런데 며칠 뒤 같은 일을 다른 사람에게 다시 맡긴다. 문제는 채택되지 않았다는 게 아니다. 이유를 알 수 없다는 것이다. 무엇을 보완해야 하는지, 어디가 부족했는지 모르면 다음도 없다. 남는 건 허무함과 거리감뿐이다. 사람은 성과보다 "내가 여기서 보이는가."로 조직을 판단할 때가 많다.

잠깐, 당신의 팀을 진단해 보자. 지난주 회의에서 가장 막내가 입을 연 적이 있었나. 누군가 실수했을 때 회의실 공기가 얼어붙지는 않았나. "좋은 지적이네요."라는 말을 마지막으로 언제 했나. 팀원이 "이건 좀 이상한데요."라고 말했을 때, 당신의 첫 반응은 "왜 그렇게 생각해?"였나, "원래 이렇게 하는 거야."였나. 회의가 끝난 뒤 복도에서 "아까 그 얘기 더 해볼까요?"라고 다가오는 사람이 있는가.

이 질문들 앞에서 머뭇거린다면, 피드백이 약해지고 있을 가능성이 크다. 더 위험한 건, 그 침묵에 당신도 익숙해지고 있다는 점이다.

피드백이 없어도 일은 돌아간다. 회의가 조용해도 프로젝트는 끝난다. 하지만 시간이 지나면 팀은 '최소한'만 하게 된다. 새로운 시도는 사라지고, 실력 있는 사람부터 떠난다. 나중에 누군가 "자유롭게 말하세요."라고 외쳐도 잘 바뀌지 않는다. 침묵에 길든 조직은 다시 말하는 법을 잊어버리기 때문이다.

몸에서 혈액순환이 막히면 처음엔 티가 안 난다. 그러나 시간이 지나면 조직이 괴사한다. 피드백도 같다. 정보와 감정, 아이디어가 흐르는 통로가 막히면 조직은 서서히 굳는다. 많은 리더가 "큰 문제 없이 잘 돌아간다."라고 말하지만, '문제없음'은 현상 유지이고 '잘 돌아감'은 성장이다. 조용한 팀이 항상 건강한 팀은 아니다.

피드백은 절차가 아니다. "나는 너를 보고 있다."라는 신호이고, "함께 풀자."라는 약속이다. 피드백이 멈추는 순간 말은 형식이 되고, 사람은 거리를 두며, 팀은 반응 없는 조직이 된다. 당신의 한마디는 지금 누군가를 살리고 있는가, 아니면 조용히 죽이고 있는가? 혹시 당신도, 침묵 속에서 서서히 잊혀져 가고 있는 건 아닐까?

우리 팀의 피드백 건강도 체크

'회의 때는 조용하던 사람이, 회의 끝나고 복도에서 말이 많아진다?' 그건 회의실 안의 공기가 '안전하지 않다'는 뜻일지 모른다. 조직에 '피드백'이 없다는 건 단지 말이 없는 걸 의미하지 않는다. 말할 분위기가 없는 것, 그게 문제다. 그렇다면 우리 팀은 지금 어디쯤 와 있을까?

다음 체크리스트로 솔직하게 진단해 보자. 점수가 높다고 자만할 필요는 없고, 낮다고 절망할 이유도 없다. 중요한 건 '지금부터'다. 아래 항목들을 솔직하게 체크해 보자. 각 항목마다 '그렇다(2점)', '보통이다(1점)', '아니다(0점)'로 점수를 매겨보자.

체크 항목	그렇다 (2점)	보통이다 (1점)	아니다 (0점)
지난 한 달 동안, 팀원 중 누군가가 "이런 방법은 어떨까요?"라고 제안한 적이 있다.			
회의에서 가장 경력이 짧은 사람도 최소 한 번은 의견을 낸다.			
누군가 실수했을 때 "왜?"보다 "어떻게 해결할까?"가 먼저 나온다.			
"좋은 지적이네요." 같은 긍정적 반응을 자주 듣는다			
반대 의견을 말해도 "그런 관점도 있구나." 하며 들어준다.			
프로젝트 완료 후 "어떤 부분이 아쉬웠고, 뭘 배웠는지" 이야기를 나눈다.			
팀장이 "내가 틀릴 수도 있으니 다른 의견 있으면 말해달라."고 한다			
회의 후 복도에서 "아까 그 이야기 더 해볼까요?" 하며 접근하는 사람이 있다.			
새로운 아이디어가 나오면 "왜 안 될까?"보다 "어떻게 하면 될까?"를 먼저 생각한다.			
팀원 각자의 강점과 성장 포인트에 대해 구체적으로 이야기한 적이 있다.			

☑ 16~20점

건강한 피드백 문화

팀 안에 피드백이 자연스럽게 흐르고 있다. 실수를 숨기지 않고 공유하며, "누가 말했는가."보다 "무엇을 말했는가."가 더 중요하게 다루어진다. 서로에 대한 신뢰가 있고, 성장의 언어가 오간다.

지금처럼 열린 분위기를 유지하되, 신입 구성원이나 조용한 팀원에게도 '발언의 기회'를 더 많이 건네보자. 피드백이 '일부 사람의 전유물'이 되지 않도록 모두가 참여하는 회의를 만들어가자.

☑ 10~15점

주의

단계기초는 잡혀 있지만, 여전히 분위기에 따라 달라진다.

회의가 활발해도 뒤끝이 있다면, 일부만 자주 말하고 나머지는 입을 다문다면, 균형이 흔들리고 있다는 신호다.

지금이 전환점이다. 발언의 다양성을 키우기 위해, 의도적으로 말하지 않는 사람에게 질문을 던져보자. "~님(직급)은 어떻게 생각하세요?"라는 한마디가 팀의 중심을 바꿀 수 있다.

☑ 5~9점

위험 단계

침묵이 일상이 된 팀일 수 있다.

실수를 말하면 불이익이 돌아올까 봐, 아이디어를 꺼내도 무시당할까 봐, 모두가 조심스럽게 눈치를 본다.

지금 필요한 건 안전한 한 걸음이다. 작은 변화부터 시작하자. 예를 들어 회의 후 "오늘 나왔던 의견 중 가장 좋았던 건 무엇이었나요?"처럼 긍정적인 피드백을 먼저 언급하는 문화를 만들어보자. 그 한마디가, 닫힌 문을 연다.

☑ 0~4점

응급 상황

이대로라면 핵심 인재가 떠나고, 팀의 동력도 함께 꺼질 수 있다.

누구도 진심을 말하지 않는 조직은 결국 '보고만 있는 사람'들로 채워진다.

지금이 리더십이 작동해야 할 순간이다. 가장 먼저 해야 할 일은 "무엇이 두려워서 말하지 못하는가."에 대한 진짜 대화를 시작하는 것이다. 문제를 드러내는 것 자체가 이미 변화의 시작이 된다.

왜 내가 하는 피드백은
아무도 안 들을까

피드백 실패의
치명적 실수

회의가 끝나고 자리를 정리하던 김 대리가 동료에게 말했다.

"아까 말하고 싶었는데, 기분 나빠할까 봐 참았어."

동료도 고개를 끄덕였다.

"맞아. 말하면 예민하게 받는 사람도 있잖아."

이 장면이 낯설지 않은 이유는 간단하다. 우리는 누군가의 실수나 부족함을 봐도 말을 삼키는 데 익숙하다. '괜히 관계가 어색해질 텐데.', '지금은 타이밍이 아닌 것 같아.' 같은 생각이 스치고, 결국 아무 말도 하지 않는다. 그리고 그 침묵을 '배려'라고 포장한다.

하지만 말하지 않는 배려는 팀을 망가뜨린다. 그날 회의에서 신입 사원이 제안한 마케팅 문구는 회사 이미지와 어긋나 있었고, 비슷한 일이 이미 몇 주 전에도 있었다. 그때도 "신입인데 너무 세게 말하긴 그렇지."라며 넘어갔다. 결과는 똑같았다. 아무도 말하지 않았고, 같은 실수는 반복됐다. 분위기는 부드러웠지만, 변화는 없었다. 겉은 평온해 보였지만, 안에서는 신뢰가 조금씩 금이 가기 시작했다.

침묵은 당장의 불편함을 피하게 해주지만, 더 큰 문제를 만든다. 피드백을 받지 못한 사람은 계속 같은 방식으로 일하다가 더 큰 실패를 맞는다. 그때 상처는 초기에 받았을 작은 지적보다 훨씬 깊고 오래간다. 무엇보다 치명적인 건 신뢰의 붕괴다. "왜 아무도 말해주지 않았지?"라는 질문은 곧 "다들 알고 있었는데 나만 몰랐구나."라는 배신감으로 바뀐다.

한 아카데미에서 실제로 그런 일이 있었다. 팀장 김 차장은 '좋은 사람'으로 불렸다. 말투는 부드러웠고 갈등을 만들지 않았다. 그런데 열정은 많지만, 경험이 부족한 강사에게 수강생 불만이 쌓이고 있었다. "설명이 너무 빨라요.", "예시가 부족해요." 같은 피드백이 반복됐다. 김 차장은 그 사실을 알면서도 말을 미뤘다. "처음부터 잘하는 사람이 어디 있어."라는 말로 자신을 설득하며, 분위기가 스스로 나아지길 기대했다.

결국 수강생들이 직접 항의하는 상황이 왔다. 그 자리에서 강사는 무너졌다.

"왜 아무도 나에게 말해주지 않았죠?"

김 차장이 배려라고 믿었던 침묵은, 당사자에게 가장 큰 상처이자 배신으로 돌아왔다. 작은 피드백이 성장의 기회였다면, 쌓였다 터진 불만은 회복하기 어려운 좌절이 됐다.

이런 일이 반복되는 이유는 무엇일까. 우리는 종종 '좋은 말'과 '좋은 피드백'을 혼동한다. 듣기 좋은 말이 항상 도움이 되는 말은 아니다. 중요한 건 '무엇을'보다 '어떻게' 말하느냐다. 그 차이를 영화 〈머니볼〉의 한 장면에서 찾을 수 있다.

〈머니볼〉은 전통과 감정이 얽힌 조직 속에서, 한 사람의 정확하고 논리적인 피드백이 팀 전체를 어떻게 움직였는지를 보여주는 이야기다. 실화를 바탕으로 한 이 영화는 미국 프로야구팀 오클랜드 애

슬레틱스의 단장 빌리 빈과 무명의 데이터 분석가 피터 브랜드가 함께 만든 혁신의 과정을 담고 있다. 피터는 기존 평가의 한계를 근거로 짚고, 대안을 제시한다. 불편할 수 있는 말이었지만 그는 침묵하지 않았다. 감정싸움이 아니라, 근거와 대안으로 대화를 만들었기 때문이다. 그 피드백은 논쟁이 아니라 변화를 여는 문이 됐다.

두 사례의 결론은 선명하다. 김 차장은 팀을 보호하려고 침묵했지만, 그 침묵이 실수를 키우고 신뢰를 무너뜨렸다. 반면 피터는 상대를 공격하지 않으면서도, 말해야 할 순간에 근거를 갖고 말했다.

결국 우리는 진정한 배려가 무엇인지 돌아볼 수 있다. 때로는 말하지 않는 것이 더 큰 상처가 된다는 사실을 우리는 인정해야 한다. 우리가 '배려'라고 부르는 침묵이 사실은 상대방에게서 성장의 기회를 빼앗고, 더 큰 실패로 내모는 일일지도 모른다. 피드백이 진짜 힘을 가지려면 용기 있게, 그러나 따뜻하게 말할 줄 아는 사람이 되어야 한다.

비판이 아닌 성장을 위한
피드백 공식

"이건 좀 아닌 것 같아요."

회의실에 짧고 날카로운 침묵이 내려앉았다. 발표를 마친 김 대리의 얼굴이 굳고, 주변은 시선을 피했다. 말한 사람은 팔짱을 낀 채 '정확한 지적'을 했다고 믿는다.

"솔직히 별로예요."

이런 말은 회의 중에도, 메신저에서도, 식사 자리에서도 흔히 오간다. 문제는 그다음이다. 말은 남지만, 관계는 멀어진다. 대안이 없는 피드백은 결국 비판이기 때문이다. 비판은 쉽다. "난 솔직했을 뿐"이라는 말로 스스로를 정당화할 수도 있다. 하지만 그 솔직함이 사람을 움츠러들게 하고, 팀을 조용히 무너뜨리기도 한다.

박 과장은 후배의 발표가 끝나기만 하면 기다렸다는 듯 말을 끊었다. "예산이 안 맞아.", "이전 안이랑 뭐가 달라?", "현실성이 없잖아." 처음엔 통찰처럼 들렸지만, 그의 말은 늘 "왜 안 되는가."에서 멈췄다. "어떻게 하면 될 수 있는가."가 없었다. 팀원들은 반박하지 않았다. 동의도 아니었다. 회피였다.

"또 박 과장님한테 깨졌네."

그 한마디가 회의의 온도를 떨어뜨렸고, 사람들은 점점 더 발표를 '안전한 수준'에서만 준비했다. 결국 박 과장은 중요한 프로젝트에서 밀려났다. 말은 많았지만, 그 말은 누구도 앞으로 데려가지 못했다. 듣는 사람에게 남은 건 '틀렸다.'라는 감정뿐이었다.

같은 부서의 이 대리는 달랐다. 신입이 미숙한 보고서를 가져오면 먼저 인정부터 했다.

"아이디어는 좋아요."

그다음 정확히 짚었다.

"다만 여기서 전달력이 약해 보여요."

그리고 방향을 건넸다.

"예전에 내가 쓴 자료가 있는데, 그 구조를 참고해서 이 부분만 다시 써보면 어때요?"

신입은 '고쳐야 할 이유'와 '다음 행동'을 동시에 얻었다. 수정된 기획안은 회의에서 칭찬을 받았고, 신입은 이후 더 자주 의견을 내는 사람으로 성장했다.

이 대리는 이런 말을 자주 했다.

"병아리가 안에서 쪼는 '줄'과 어미 닭이 밖에서 쪼는 '탁'이 함께 있어야 알이 깨져요. 후배가 서툴게라도 '줄'을 시작하면, 저는 '탁'을 보태주려고 해요."

그래서 사람들은 완성되지 않은 아이디어도 그에게 먼저 보여줬다. 그는 '틀렸다.'가 아니라 '같이 고칠 수 있다.'라는 확신을 주었기 때문이다.

두 사람의 차이는 단순히 말투가 부드럽고 날카로운 문제가 아니다. 피드백을 '평가'로 쓰느냐, '협력'으로 쓰느냐의 차이다. 평가로 던진 말은 위계를 만들고, 협력으로 건넨 말은 관계를 수평으로 만든다. "나도 비슷한 실수를 했어." "우리 같이 해결해 보자." 같은 문장은 사람을 방어하게 만들지 않고, 다시 시도하게 만든다.

그래서 성장을 위한 피드백에는 공식이 필요하다. 핵심은 단순하다.

인정(좋은 점) → 사실(어디가) → 기준(왜) → 대안(어떻게) → 지원(함께)

"별로예요."로 끝내지 말고, 이렇게 말해보자.

"고객의 시선을 잡는 첫 문구가 좋네요(인정). 그런데 중간 사례 부분이 조금 아쉬워요(사실). 우리 타깃층이 30대인데, 여기 나온 예시는 20대 초반이 공감할 내용이거든요(기준). 이 부분을 30대 직장인 사례로 바꾸면 어떨까요(대안)? 제가 참고할 만한 예시 몇 개 찾아서 보내드릴게요(지원)."

그때부터 피드백은 비판이 아니라, 다음 단계로 가는 안내가 된다.

말하지 않아서, 상처 줄까 봐 돌아가서, 대안 없는 지적으로 끝나서 피드백은 자주 실패한다. 하지만 그 세 가지를 넘어서면, 당신의 한마디는 방향을 잃은 누군가에게 등불이 된다. 말할 용기를 내야 한다. 그것이 문화를 바꾼다.

똑똑한 팔로워가
팀을 살린다

SNS를 켜면 늘 마주치는 단어가 있다. '팔로워(follower)'. 누군가를 팔로우(follow)하면 그 사람의 생각과 일상, 콘텐츠를 가장 먼저 받아볼 수 있다. 팔로워는 관심을 드러내는 존재이자, 때로는 팬이기도 하고 소비자이기도 하다. 그런데 회사에서도 '팔로워'가 있다는 사실을 알고 있는가?

조직에서의 팔로워는 단순히 지시를 따르는 사람이 아니다. 리더의 방향을 함께 고민하고, 성과를 함께 책임지는 핵심적인 존재다. SNS 속 팔로워가 리더(또는 셀럽)를 지켜보며 반응한다면, 조직 속 팔로워는 리더의 의사결정에 참여하고 때로는 리더보다 넓은 시야로 상황을 바라본다.

결국 좋은 팔로워가 리더를 살리고, 팀을 지킨다. 하지만 현실에서 이상적인 팔로워십을 발휘하기가 쉽지 않다. 딕 모리스는 "단 1%의 팔로워만이 진정한 조언을 한다."라고 했다. 위계와 문화적 압력이 직원들의 목소리를 막는 경우가 많기 때문이다.

그렇다면 어떻게 해야 할까? 특히 상사에게 피드백을 해야 하는 상황에서 어떤 기술이 필요할까?

상사에게 제대로 피드백하는 부하직원의 기술

월요일 오전 9시, 회의실. 김 팀장이 말했다.

"이번 분기 매출 목표를 30% 상향하겠습니다."

팀원들은 속으로 같은 생각을 했다.
'불가능해.'
그러나 입은 열리지 않았다. 그때 신입 이 사원이 손을 들었다.

"팀장님, 질문이 있습니다. 현재 프로젝트 일정까지 고려하면, 목표 달성을 위해 어떤 선택지가 가장 효과적일까요?"

반대가 아니라 해결하자는 질문이었다. 김 팀장은 잠깐 멈추더니 되물었다.

"좋은 지적이네요. 뭐가 가장 걱정되나요?"

회의는 '목표의 옳고 그름'이 아니라 '방법 찾기'로 넘어갔다.

반대로 같은 회사, 다른 회의실. 정 부장이 말했다.

"마케팅 예산을 50% 삭감하겠습니다."

홍 대리는 곧바로 맞받았다.

"그럼 목표 달성 어렵지 않나요?"

정 부장의 표정이 굳었다.

"예산 탓 말고 효율을 고민해."

그 순간 팀은 침묵했고, 회의는 '아이디어'가 아니라 '기싸움'이 되어버렸다.

상사에게 피드백한다는 건 많은 사람에게 지뢰밭처럼 느껴진다. "괜히 찍히면 어떡하지.", "내가 뭘 안다고." 같은 두려움이 앞선다. 하지만 똑똑한 팔로워는 안다. 상사도 완벽하지 않고, 다른 관점이 필요할 때가 있으며, 그 관점을 안전하게 제공하는 것이 팔로워의 역할이라는 것을.

문제는 내용이 아니라 방식이다. 이 사원은 부정적 판정이 아니라 대안을 여는 질문으로 들어갔고, 홍 대리는 반박으로 들리게 했다. 타이밍도, 톤도 달랐다. 결정적으로 상사의 성향이 달랐다. 어떤 상사는 질문을 환영하지만, 어떤 상사는 질문을 '권위에 대한 도전'으로 받아들인다.

몇 해 전 강의 후 만난 15년 차 김 과장은 이렇게 말했다.
"예전엔 같은 말을 아무 상사에게나 같은 방식으로 했어요. 어떤 상사는 '적극적이네.'라고 했고, 어떤 상사는 '건방지다.'라고 했죠. 그때 깨달았어요. 상사마다 언어가 다르다는걸요."
그가 정리한 핵심은 단순했다.

상사의 성향을 읽고,
그 언어로 말하라

완벽주의형 상사에게는 즉흥적 반대보다 '검토 요청'이 통한다.

"혹시 놓친 리스크가 있을까 봐요. 이 부분만 같이 확인해 주실 수 있을까요?"

이들은 '틀렸을 수도 있다.'보다 '완성도를 높이자.'에 반응한다.

혁신추구형 상사에게는 창의성을 먼저 인정한 뒤 현실의 변수를 붙여야 한다.

"아이디어가 정말 신선합니다. 실행 단계에서 변수가 몇 가지 있어서, 성공 확률을 높이기 위해 이 부분만 다듬으면 어떨까요?"

반대가 아니라 발전으로 들리게 하는 게 포인트다.

데이터 중심형 상사에게는 감정이 아니라 근거가 필요하다.

"지난 분기 데이터를 보면 이 구간에서 전환이 떨어집니다. 이 가설로 실험해 보면 어떨까요?"

'제 생각엔'보다 '데이터에 따르면'이 설득력이 된다.

권위중시형 상사에게는 정면충돌이 가장 위험하다. 결정을 존중하되, 실행의 형태로 의견을 올려야 한다.

"결정 방향에 맞춰 실행안을 고민해 봤습니다. 효과를 높이려면

이 옵션도 검토해 볼 수 있을까요?"

'반대'가 아니라 '보좌'로 포장해야 대화가 열린다.

감정배려형 상사에게는 교감이 먼저다.

"팀장님이 늘 팀을 챙겨주셔서 감사해요. 다만 이 방식이면 일부 팀원이 과부하를 느낄 수 있어서, 부담을 줄이는 방법을 같이 고민해 보면 좋겠습니다."

이들은 '옳고 그름'보다 '사람의 상태'를 통해 움직인다.

김 과장이 끝내 남긴 결론은 세 가지였다. 첫째, 상대의 강점을 먼저 인정하라. 둘째, 대립이 아니라 협력의 프레임으로 말하라. '문제'보다 '보완', '반대'보다 '대안'이 관계를 지킨다. 셋째, 상황에 따라 유연하게 조율하라. 한 사람 안에 여러 성향이 섞여 있기 때문이다.

상사에게 제대로 피드백하는 것은 결국 기술이다. 같은 내용이라도 어떻게 말하느냐에 따라 결과가 완전히 달라진다. 이 모든 것이 익힐 수 있는 능력이라는 것을 김 과장은 깨달았다. 그는 이제 상사를 적으로 여기지 않는다. 각자 다른 성향을 가진 사람일 뿐이며, 그 성향을 이해하고 맞춰주면 누구와도 좋은 관계를 만들어갈 수 있다는 것을 알기 때문이다.

결국 중요한 건, '누구냐'보다 '어떻게 함께하느냐'이다. 상사를 바꾸려 애쓰는 대신, 그의 언어와 리듬에 귀 기울이고 나의 표현 방식을 조율해 보자. 말이 통하지 않는다고 느꼈던 순간들도, 알고 보면 방식이 달라서일 뿐이다. 조금만 다르게 건네면, 같은 말도 다르게 들릴 수 있다. 그렇게 한 걸음씩, 상대를 이해하고 나를 표현하는 법을 배워가는 것. 그것이 '진짜 피드백'의 시작이다.

그러니 더 이상 상사에게 말이 통하지 않는다고 낙담하지 말자. 중요한 건 상대를 바꾸는 게 아니라, 다르게 듣고 다르게 말하는 우리의 기술이다. 그렇게 조금씩 맞춰가다 보면, 언젠가 당신의 말 한마디에 상사가 고개를 끄덕이는 순간이 온다. 그리고 그 순간, 우리는 알게 된다. 관계는 설득이 아니라, 이해에서 시작된다는 것을.

물론, 관계는 일방향이 아니다. 우리가 상사를 이해하려는 만큼, 상사 역시 우리를 어떻게 바라보고 있는지가 중요하다. 결국 소통은 쌍방향의 흐름 속에서 비로소 살아난다.그래서 다음으로는, '내가 어떤 팔로워인지'에 대한 자각이 필요하다. 나의 태도와 역할이 상사의 신뢰에 어떤 영향을 주고 있는지를 살펴보면, 관계의 실타래를 더 쉽게 풀 수 있다.

팔로워십 4가지 유형과
신뢰도 분석

"네 말은 다 맞아. 그런데 듣고 있으면 혼나는 기분이야."

그 말을 들었을 때 억울했다. 틀린 말도 아니고, 논리적으로 말했으니까. 그런데 시간이 지나고서야 알았다. 나는 '맞는 말'을 했을 뿐, 상대가 받아들일 수 있는 말을 하지 못했다. 말이 옳다고 해서 사람에게 닿는 건 아니다. 오히려 옳은 말일수록 말투와 태도가 성패를 가른다.

직장에서는 리더십이 중요하다고 말하지만, 실제로 우리가 하는 일의 대부분은 팔로워의 역할이다. 보고하고, 협업하고, 요구를 조율한다. 그래서 더 필요한 건 팔로워십이다. 팔로워십은 시키는 대로 하는 태도가 아니라, 조직의 목표를 위해 주도적으로 참여하며 리더와 동료에게 건설적인 영향을 미치는 능력이다. 좋은 팔로워는 맹목적으로 따르지 않고, 필요할 때 말하며 문제를 예방하고 시야를 넓힌다.

문제는 많은 사람이 자신의 팔로워십 스타일을 모른다는 데 있다. 같은 내용도 어떤 방식으로 말하느냐에 따라 신뢰가 쌓이기도, 관계가 깨지기도 한다. 사람들을 관찰하다 보면 대체로 네 가지 유형으로 나뉜다.

첫째, 아첨형.

칭찬과 동의로 분위기를 만든다. 단기적으로는 편하고 안전하지만, 불편한 진실을 피한다는 점에서 신뢰가 빨리 소모된다. 상대도 결국 알아챈다.

"이 사람이 진짜로 돕고 있나, 아니면 안전한 자리에만 서 있나."

둘째, 판단형.

논리와 정확성으로 문제를 잘 찾아낸다. 조직에 필요한 역할이지만, 말이 '지적'에서 멈추면 사람을 위축시킨다. 옳음에 집착할수록 회의실은 차가워지고, 아이디어는 조용해진다. 결국 팀은 말하기를 포기한다.

셋째, 침묵형.

가장 조용하지만 가장 위험할 수 있다. 생각은 많지만 말하지 않는다. 틀릴까 봐, 갈등이 싫어서, 책임을 지기 싫어서 침묵을 선택한다. 그러나 말해야 할 때 말하지 않는 것도 선택이고, 그 선택의 비용은 나중에 더 크게 돌아온다.

넷째, 조언형.

장점을 인정하고, 문제를 구체적으로 짚고, 함께 해결하자는 방향을 제시한다. 이 유형의 피드백은 사람을 방어하게 만들지 않는다.

"틀렸다."가 아니라 "더 좋아질 수 있다."로 대화를 바꾼다. 그래서 신뢰가 쌓이고 참여가 살아난다.

네 유형을 가르는 핵심은 '매너'다. 여기서 매너는 예의가 아니라 상대의 입장을 고려하면서도 필요한 말을 할 수 있는 태도다. 아첨 형은 매너는 있어도 용기가 약하고, 판단형은 용기는 있어도 매너가 부족해지기 쉽다. 침묵형은 둘 다 놓치기 쉽고, 조언형은 둘을 함께 갖춘다.

중요한 건 완벽한 조언형이 되는 게 목표가 아니라는 점이다. 사람은 상황에 따라 흔들리고, 성향은 쉽게 바뀌지 않는다. 다만 내가 어떤 패턴을 반복하는지 알고, 그 패턴이 타인에게 어떤 인상을 남기는지 점검해야 한다. 상사가 잘못된 방향으로 갈 때, 동료가 현실성 없는 아이디어를 낼 때, 나는 칭찬으로 덮는가, 날로 자르는가, 침묵하는가, 아니면 인정과 대안을 함께 건네는가. 답은 이미 당신의 일상에 있다.

그러니 내가 어떤 패턴을 반복하고 있는지, 그로 인해 주변 사람들에게 어떤 인상을 주고 있는지를 아는 것이 필요하다. 스스로를 객관적으로 점검해보자.

나는 어떤 스타일의 팔로워인가

각 질문에 해당하는 내용에 체크해 보자. 가장 많이 선택한 알파벳이
나의 팔로워십 스타일이다.

1 상사가 명백히 잘못된 결정을 내리려 할 때, 나는……

A "역시 팀장님 생각이 깊으시네요. 바로 진행하겠습니다."
B "그 방향은 완전히 틀렸습니다. 데이터를 보면 명백히……."
C 속으로 '저건 안 될 텐데……' 하지만 아무 말 안 함
D "좋은 방향이네요. 다만 이런 리스크는 어떻게 어떻게 대비할까요?"

2 동료가 회의에서 현실성 없는 아이디어를 발표했을 때……

A 동료가 회의에서 현실성 없는 아이디어를 발표했을 때……
B 동료가 회의에서 현실성 없는 아이디어를 발표했을 때……
C 표정 관리하며 조용히 있음(누가 지적해 주겠지……)
D "참신한 접근이네요. 실현하려면 어떤 단계가 필요할까요?"

A "괜찮은 거예요~ 다들 열심히 하고 있으니까요!"

B "이 부분 완전히 잘못됐어요. 이대로 가면 망합니다."

C 혼자 고민만 하다가 결국 아무 말 안 함

D "전체적으로 잘 진행되는데, 이 부분을 보완하면 더 좋을 것 같아요."

A "괜찮아요~ 처음엔 다 그런 거예요. 열심히만 하면 돼요!"

B "이런 기본적인 실수는 하면 안 되죠. 다음부턴 주의하세요."

C 눈치는 주지만 직접 말하지는 않음.

D "수고했어요. 다음엔 이런 방법으로 해보면 어떨까요?"

A "팀장님 덕분이에요! 팀장님이 워낙 잘 이끌어주셔서……."

B "당연한 결과죠. 제가 이렇게 분석해서 해결한 거니까요"

C "네……." (어색해서 얼른 자리를 피하고 싶음)

D "감사합니다. 팀원들과 함께 노력한 결과인 것 같아요."

A "다들 좋은 의견이네요! 어떤 걸 선택해도 잘될 것 같아요."

B "A 안이 명백히 맞죠. 다른 건 고려할 가치도 없어요."

C 내 의견은 말하지 않고 다른 사람들 눈치만 봄.

D "각각의 장단점을 정리해서 비교해 보면 어떨까요?"

A "어떻게 해도 잘할 거예요! 걱정하지 말아요……."

B "그렇게 하면 100% 실패해요. 이렇게 하세요."

C "글쎄요……." (애매하게 얼버무림)

D "이런 방법들이 있는데, 상황에 맞는 걸 골라보는 게 어떨까요?"

A "회사에서 결정한 거니까 분명 좋은 이유가 있을 거예요."

B "이 정책은 말이 안 돼요. 현장을 전혀 모르는 소리죠."

C 문제라고 생각하지만 혼자만 끙끙 앓음.

D "정책 취지는 좋은데, 현장 적용 시 이런 부분을 보완하면 어떨까요?

결과 확인

A를 가장 많이 선택한 경우: 아첨형

"팀 분위기 메이커"

당신은 팀의 공기를 부드럽게 만드는 사람이다. 팀장이 아이디어를 내면 "좋아요!"로 반응하고, 갈등 조짐이 보이면 "다들 좋은 의견이에요."로 분위기를 정리한다. 초반에는 긍정 에너지가 큰 장점이 된다. 다만 시간이 지나면 동료들은 한 가지를 눈치챈다. 당신이 불편한 진실을 피한다는 것. 정작 문제가 터진 뒤 "사실 저도 걱정했었는데……."라고 말하면 신뢰는 급격히 깎인다. '그럼 왜 그때 말하지 않았지?'가 남기 때문이다. 당신의 강점은 관계 유지다. 여기에 한 줄의 솔직함을 더해보자. "좋아요. 다만 이 부분은 리스크가 있어 보여요. 대안을 같이 정리해볼까요?"처럼 부드럽게, 그러나 분명하게 말하는 순간 신뢰가 쌓인다.

B를 가장 많이 선택한 경우: 판단형

"날카로운 분석가"

당신은 문제를 빨리 찾아내는 사람이다. 비현실적인 일정, 허술한 근거, 빠진 리스크를 정확히 짚는다. 팀의 품질을 지키는 핵심 인력이다. 문제는 말이 '지적'에서 끝날 때다. 당신이 입을 열면 회의실 온도가 내려가고, 특히 신입은 한 번의 말에 입을 닫아버릴 수 있다. 내용이 맞아도 방식이 거칠면, 사람들은 아이디어 자체를 내지 않게 된다. 당신의 강점은 정확성이다. 여기에 한 문장의 협력을 붙여보자. "지적한 부분이 핵심이에요. 이걸 살리려면 어떤 옵션이 좋을까요.", "제가 우려하는 리스크가 하나 있어요. 해결책을 같이 찾죠." 같은 문장은 같은 내용을 '공격'이 아니라 '팀의 해결'로 바꾼다.

C를 가장 많이 선택한 경우: 침묵형

"신중한 관찰자"

당신은 쉽게 말하지 않지만, 대신 깊게 본다. 회의에서 조용해도 머릿속에선 계속 시뮬레이션이 돈다. 문제는 중요한 순간에도 "내가 틀릴 수도……."라는 이유로 말을 미루는 습관이다. 침묵은 갈등을 피하게 해주지만, 동시에 기회를 놓치게 한다. 그리고 일이 터진 뒤 "사실 저는 예상했는데……."라고 말하면, 본인도 억울하고 주변도 허탈해진다. 당신의 강점은 신중함이다. 여기에 작은 발언 습관을 더해보자. 거창하게 결론을 내릴 필요 없다. "제가 놓친 게 아니라면, 이 부분에서 리스크가 있어 보여요.", "확신은 없지만 한 가지 우려가 있습니다."처럼 '확신 없는 말'도 말할 수 있는 형태를 만들면, 침묵의 비용이 줄어든다.

D를 가장 많이 선택한 경우: 조언형

"완벽한 팀플레이어"

당신은 인정과 개선을 함께 건네는 사람이다. "좋은 시도예요."로 시작해 "이 부분만 다듬으면 더 좋아져요."로 이어간다. 상대는 위축되지 않으면서도 다음 행동이 분명해진다. 팀에서 신뢰를 빠르게 얻는 유형이고, 자연스럽게 리더 후보로도 보인다. 다만 조언형도 함정이 있다. 언제나 부드럽게 보이려고 하다 보면, 정말 급할 때 필요한 '단호함'을 놓칠 수 있다. "지금은 방향을 바꿔야 합니다."처럼 선을 그어야 할 순간에는, 짧고 분명한 문장으로 팀을 보호하는 것도 당신의 역할이다. 따뜻함 위에 결단을 얹을 수 있을 때 영향력은 더 커진다.

팔로워십의 핵심은 상황에 맞는 유연성이다. 아첨형은 솔직함을 한 줄 더하고, 판단형은 협력의 문장을 한 줄 붙이고, 침묵형은 작은 목소리부터 시작하고, 조언형은 필요할 때 단호해질 줄 알아야 한다. 자신의 기본 스타일을 인정하되, 상황에 따라 다른 접근법도 시도해볼 수 있는 유연성을 기르는 것이 관건이다.

그렇다면, 팀 안에서 '평범한 팔로워'와 '변화를 일으키는 팔로워'의 경계는 어디에서 갈릴까? 말 한마디의 온도? 타이밍? 아니면 그 사람만이 가진 어떤 특별한 기술? 이제, 그 경계선을 넘는 순간과 그 안에 숨겨진 피드백의 비밀을 하나씩 열어보자.

피드백 고수들은
무엇이 다른가

감정 폭발 없이
냉정하게 전달하는 법

요즘 직장인들은 눈치를 먼저 살피고, 분위기를 먼저 읽는다. 일보다 '사람의 기분'을 해석하는 데 더 많은 에너지를 쓴다.

어느 디자인 회사의 회의 10분 전, 키보드 소리는 들리지만 누구도 진짜로 일에 집중하지 않는다. 머릿속은 하나다. 오늘 박 부장님 표정이 어떤가.

"괜찮아 보이세요?"

“아니요, 좀 날카로운데요.”

그러면 보고는 미뤄지고, 안건은 접힌다. 논리도 일정도 아닌 ‘기분 날씨’가 기준이 된다.

박 부장은 실력 있는 리더다. 성과도 좋고 신뢰도 있다. 그런데 팀원들은 그를 ‘감정의 풍향계’라고 부른다. 기분이 좋으면 웃으며 다가오고, 나쁘면 “이건 초등학생도 안 하는 실수야!” 같은 말이 튀어나온다. 그 한마디에 회의실의 어깨가 동시에 내려앉는다. 사람들은 실수를 숨기고, 보고를 미루고, 결국 ‘피해가는 기술’만 늘어난다. 이렇게 쌓인 침묵은 개인의 성격 문제가 아니라 조직의 습관이 된다.

우리는 종종 리더의 감정 표출을 “스트레스가 많아서”라며 넘긴다. 하지만 리더의 감정은 단순한 표현이 아니라 팀의 환경이다. 감정이 흔들리면 공기가 흔들리고, 공기가 흔들리면 판단과 실행이 흔들린다. 반대로 감정을 조율하는 리더는 팀이 숨 쉴 수 있게 만든다.

한 중견기업에서 정 팀장은 그 차이를 보여줬다. 팀이 힘들게 준비한 제안서로 고객과 계약한 날, 상무에게서 날 선 전화가 왔다.

“왜 그 정도 금액밖에 못 따왔어? 이게 최선이야?”

　정 팀장의 표정이 순간 흔들렸고, 팀원들의 눈이 그 얼굴로 몰렸다. 분위기가 얼어붙기 직전, 정 팀장은 숨을 고르고 말했다.

　"제가 상황을 다시 설명해 드리고 올게요. 잠깐만 기다려주세요."

　복도에서 감정을 정리한 뒤 상무를 만나고 돌아온 그는 차분하게 말했다.

　"이야기 잘 나눴어요. 앞으로 몇 가지만 보완하면 됩니다. 여러분 덕분이에요."

　그 말 한 줄이 팀을 다시 움직이게 했다. 정 팀장이 지킨 건 성과가 아니라 사람들의 호흡이었다.

　리더십은 위기에서 가장 먼저 평정심을 잃지 않는 기술이다. 이 원리는 스포츠에서도 똑같다. 1초가 승부를 가르는 F1 피트스톱처럼 극도의 긴장 속에서는, 리더의 불안이 곧 팀의 실수가 된다. 반대로 차분한 신호는 팀의 리듬을 살린다. 결국 리더의 감정은 '개인사'가 아니라 '팀의 리듬'이다.

　그리고 이 기술은 리더만의 몫도 아니다. 옆자리에서 먼저 한 박자 쉬어주거나, 말의 톤을 낮추는 사람이 있으면 공기는 바뀐다. 감정은 위에서만 흐르지 않는다. 옆에서도 번진다.

방법은 거창하지 않다. 말을 꺼내기 전, 딱 한 질문만 던져보자.
"지금 내 말이 분위기를 무겁게 만들까, 가볍게 만들까?"
그리고 바로 말하지 말고 6초만 멈추자. 3초 들이마시고, 3초 내쉬는 동안 뇌는 감정의 파도에서 한 걸음 물러난다. 그 짧은 멈춤이 말의 날을 둥글게 만들고, 불필요한 상처를 줄인다.

감정을 조절한다는 건 인내가 아니라, 사람을 지키는 선택이다. 지금 당신의 한마디가, 주저앉은 누군가에게 다시 숨 쉴 틈이 된다. 감정을 다스려라. 그것이 팀의 호흡이 된다.

웃으면서 핵심을 찌르는
고수들의 유머 피드백술

감정을 조절할 줄 안다면, 다음 단계는 '유연하게 풀어내는 말'이다. 고수들은 화를 키우지 않는다. 대신 웃음을 빌려 핵심을 더 정확하게 꽂는다. 같은 실수를 지적해도 어떤 말은 "다음엔 더 잘해야지."로 남고, 어떤 말은 "왜 저렇게까지 말하지?"로 남는다. 차이는 내용이 아니라 말의 온도다.

한 과장이 내년도 사업계획서를 공들여 제출했다. 그런데 회의 중 부장이 페이지를 넘기다 멈췄다.

1번 부장

"과장이나 돼서 시장조사 빠뜨리는 게 말이 돼? 기본이 안 됐잖아."

공기가 뚝 떨어졌다. 한 과장은 고개를 숙였고, 그날 이후 먼저 입을 열기 어려워졌다.

2번 부장

"시장조사는……. 편집하다 빠진 거 맞지? 하도 잘 써놔서 잠깐 헷갈렸네."

회의실에 웃음이 한 번 돌고, 한 과장은 민망하게 웃으며 말했다.

"죄송합니다. 제가 마무리 점검을 못 했네요. 바로 보완하겠습니다."

실수는 같았지만, 결과는 달랐다. 유머는 실수를 덮어주지 않는다. 대신 실수를 견딜 수 있게 만든다. 2번 부장이 쓴 건 '긍정 추정'이다. 잘못을 '태만'이 아니라 '실수'로 먼저 가정해 체면을 살려준다. 여기에 칭찬을 한 줄 얹으면, 지적이 공격이 아니라 협력으로 들린다. 방어가 내려가면 메시지는 비로소 들어간다.

또 하나의 방법은 '상황 가정'이다. 문제를 딱딱하게 지적하기 전에, 현실을 유머로 한 번 그려 보여주는 방식이다. 예컨대 회의에서 배터리 성능이 부족한 안이 나오면 이렇게 말할 수 있다.

"이 정도면 출장 중에 노트북이 먼저 퇴근하겠는데요?"

웃음이 지나간 뒤에, 자연스럽게 결론을 붙인다.

"그래서 최소 하루는 버티는 방향이 필요합니다."

웃음은 목적이 아니라 문을 여는 장치가 된다.

다만 유머 피드백에는 조건이 있다. 상대가 함께 웃을 수 있어야 한다. 분위기를 풀겠다고 던진 농담이 나만 웃는 농담이면, 그건 유머가 아니라 조롱으로 들린다. 상대 표정이 굳었다면 즉시 멈추고, 짧게 정리하자.

"농담이고요. 핵심은 이 부분이에요. 여기만 보완하면 완성도가 확 올라가요."

유머는 칼날을 무디게 하려고 쓰는 게 아니라, 핵심을 더 안전하게 전달하려고 쓰는 기술이다.

내 말이 유머인지, 아니면 나 혼자만 유머라고 생각하는 비판인지, 솔직히 점검해 보자.

□ 회의 분위기가 무거울 때, 가볍게 농담을 던져본 적이 있다.

□ 실수를 지적할 때, 먼저 장점을 말해본 적이 있다.

□ 피드백할 때 '너' 대신 '나'를 주어로 사용해 본 적이 있다.

□ 말할 때 표정이나 말투에 부드러움을 담으려고 노력한 적이 있다.

□ 내 유머나 표현에 상대가 웃거나 미소 지은 경험이 있다.

□ 실수를 인정하면서 스스로도 웃으며 넘긴 적이 있다.

□ 긴장된 상황에서 한마디로 분위기를 풀어본 적이 있다.

몇 개나 해당하는가? 5개 이상이라면 당신은 이미 고수다. 말로 사람을 움직이는 능력을 지녔으며, 지금의 방식을 이어가면 된다.

5개 이하라면, 실망할 필요는 없다. 유머는 타고나는 게 아니라 길러지는 것이다. 혹자는 말할 것이다.

"나는 유머 있는 사람이 아니에요. 유머는 타고난 성격이어야 가능한 것 아닌가요?"

아니다. 유머는 센스가 아니라 연습이고, 타고나는 게 아니라 길러지는 것이다.

영업기획팀 이 대리는 스스로 솔직한 사람이라고 믿었다. "돌려 말하는 건 시간 낭비"라 생각해 피드백도 직설적으로 했다.

"이건 누가 봐도 부족한데?"

“이렇게 하면 클라이언트가 실망해요.”

말은 맞았다. 그런데 팀은 점점 조용해졌다. 회의에서 발언이 줄고, 수정 요청에도 “네.”만 돌아왔다.

어느 날 후배가 조심스럽게 말했다.

“선배님 말이 틀린 건 아닌데……. 매번 지적만 받는 느낌이라 무서워요.”

이 대리는 혼란스러웠다. 도움이 되려고 한 말이 왜 사람을 움츠러들게 했을까.

그때 그는 한 예능인의 인터뷰를 떠올렸다. 유머는 즉흥이 아니라 훈련이라고 했다. 웃긴 장면이 나오면 멈추고 ‘나라면 어떻게 말했을까.’를 반복해서 연습했다는 이야기였다. 이 대리는 생각했다.

‘나도 연습하면 달라질 수 있겠다.’

이후 그는 주변을 관찰했고, 피드백을 유쾌하게 하는 사람이 눈에 들어왔다. 그 사람은 실수를 그냥 넘어가지 않으면서도 분위기를 깨지 않았다. 이유는 단순했다. 말의 순서가 달랐다. 공격처럼 들리지 않게 먼저 긴장을 풀고, 가볍게 웃음을 얹은 다음, 핵심을 정확히 박았다. 그리고 ‘너’가 아니라 ‘나’를 주어로 써서 날을 낮췄다.

유머를 '핵심을 찌르는 피드백'으로 만드는 방법은 결국 이 흐름이다.

먼저 긴장을 푼다. 표정을 부드럽게 하고 말 속도를 조금 늦춰 "공격이 아니다."라는 신호를 준다. 다음으로 가벼운 비유나 반어를 한 줄 얹는다. 예를 들어 "시장조사 빠진 건……. 라면에 스프를 안 넣은 느낌이네." 정도면 웃음이 나오고, 동시에 빠진 핵심이 또렷해진다. 그다음 '나'를 주어로 자기 낮춤을 한다. "나도 예전에 이거 빠뜨려서 크게 배운 적 있어."라고 말하면, 비판이 조언으로 바뀐다. 그리고 웃음이 번진 그 순간을 놓치지 말고 핵심을 짧게 전달한다. "다음엔 시장조사까지 포함해서 올리면 완성도가 확 올라가."
마지막으로 미소를 거두지 않는다. 표정이 굳으면 말만 남지만, 미소가 남으면 '혼난 게 아니라 배운 것'으로 남는다.

정리하면, 유머 피드백은 센스가 아니라 순서다. 웃음 → 자기 낮춤 → 핵심 전달 → 미소로 마무리. 피드백은 실수를 지적하는 기술이 아니라, 관계를 잃지 않는 언어다. 말 한마디로 일을 고치는 게 아니라, 사람을 살리는 것. 유머는 그 사이를 이어주는 다리가 될 수 있다.

한 번에 마음을 움직이는 피드백 5단계

피드백은 단순한 '지적'이나 '비판'이 아니다. 잘 건네면 관계를 더 좋게 만드는 가장 강력한 대화 도구가 된다. 핵심은 '지적받았다.'가 아니라 '도움을 받았다.'라는 감정을 남기는 것이다.

다음 5단계는 말 한마디로 상대의 마음을 열고 변화를 이끄는 실전 피드백 레시피다.

1단계. 달콤한 시작, 관찰로 불을 지펴라

"프레젠테이션 구성이 정말 탄탄했어요. 특히 3페이지 그래프가 한눈에 들어오더라고요."

관찰은 피드백의 첫 불씨다. 이 불씨가 잘 붙어야 요리가 타지 않듯, 시작을 부드럽게 해야 대화가 타들어 가지 않는다.

첫마디는 '봤다.'는 관찰로 시작하자. "발표는 괜찮았는데……."처럼 부정적인 마무리나 "왜 이렇게 했어요?"처럼 이유를 캐묻기보다, "이렇게 하셨더라고요."처럼 이해하려는 태도를 보여주는 것이다.

2단계. 부드러운 재료, 감정을 양념처럼 뿌려라

"이 부분에서 조금 헷갈렸어요. 이렇게 하면 더 명확해질 것 같아요."
감정은 양념과 같다. 너무 많이 넣으면 짜고, 아예 없으면 밋밋하다.

"이건 이해가 안 돼요."처럼 상대를 탓하지 말고 'I-메시지'를 쓰면 비난이 아닌 공유가 된다. 요리에서 간을 맞추듯, "나는 ~"으로 시작해 내 감정을 솔직하고 부드럽게 표현해 보자.

3단계. 향신료 첨가, 변화의 한 꼬집을 넣어라

"여기에 고객 사례를 하나 더 넣는다면 어떨까요?"
"사례가 부족해요."와 같은 '전면 개조'가 아니라 '살짝 손질'이다.

사람은 거대한 수술보다, 가볍고 구체적인 변화 제안에 귀를 기울인다.
요리에 한 꼬집의 향신료가 맛을 바꾸듯, 피드백도 작은 제안이 큰 차이를 만들 수 있다.

4단계. 깊은 맛 우려내기, 노력이라는 숨은 재료를 드러내라

"늦게까지 고생했죠? 3일 만에 이 많은 데이터를 정리하다니 대단해요."
맛있는 요리 뒤에는 보이지 않는 손길이 있다.

과정을 알아주는 한마디는 '이 사람이 나를 보고 있구나.'라는 확신을 준다. 결과만 평가하지 말고 과정의 수고를 구체적으로 언급하자. '밤 늦게까지', '3일 만에'처럼 디테일이 들어가야 진심이 전해진다.

5단계. 달콤한 마무리, 신뢰로 소스를 뿌려라

"다음 프레젠테이션이 벌써 기대돼요. 이번 경험이 더 좋은 결과로 이어질 거라고 믿어요."
끝맺음은 의무가 아니라 기대감으로 마무리한다.

사람은 '믿는다.'라는 말에 오래 머문다. 요리의 마지막 데코처럼, 대화의 끝에 신뢰를 한 줄 얹으면 여운이 달콤하게 남는다.
피드백은 결국 요리와 같다. 재료는 같아도 손길과 온도에 따라 완전히 다른 맛이 난다. 이 레시피를 적용하면, 같은 업무도 더 즐겁게, 같은 관계도 더 단단하게 변한다. 당신의 다음 피드백이 누군가의 하루를 바꿀지도 모른다.
그 한 끼를 오늘, 차려보자.

4장

Trust

신뢰는 말이 아니라
행동으로 쌓인다

평판은
한순간에 무너진다

'실력'보다 '신뢰'가 먼저라는 말이 있다. 동의하는가?

잘하는 사람은 많다, 일머리가 빠르고, 발표를 잘하고, 성과도 곧잘 내는 사람은 조직 안에 적지 않다. 그런데 이상하게도 중요한 순간, 선택받는 사람은 따로 있다. 그가 특별해서가 아니다. 그는 '믿을 수 있는 사람'이기 때문이다.

하버드 비즈니스 리뷰(HBR)의 연구에 따르면, 신뢰가 높은 조직의 직원은 생산성이 50% 더 높고, 이직률은 40% 낮으며, 업무 몰입도는 76% 더 높다. 반면 PwC 글로벌 CEO 설문조사에서는 CEO의 절반 이상이 "신뢰 부족이 조직 성장의 가장 큰 장애물"이라고 답했다. 성과는 숫자로 평가되지만, 그 기반이 되는 것은 숫자로 표현되지 않는 신뢰의 질이다.

한번 곰곰이 생각해보자. 내가 맡고 싶었던 프로젝트를 동료가 가져갔을 때, 나보다 일머리나 실력이 더 좋아서였을까? 아니면 그 사람이 더 꾸준히 신뢰를 쌓아온 사람이었기 때문일까?

LinkedIn의 조사에 따르면, 리더의 84%는 "신뢰할 수 있는 직원에게 더 중요한 역할을 맡긴다."라고 답했다. 딜로이트 보고서도 비슷하다. "내부 추천과 승진에서 가장 중요한 기준은 바로 '신뢰'"라는 것이다.

신뢰는 보이지 않지만, 언제나 주변 사람들의 판단을 바꾸는 작동 원리로 작용한다. '말을 믿을 수 있는가.', '기한을 지키는가.', '책임을 회피하지 않는가.' 같은 기준들이 어느덧 평판이 되고, 평판이 기회가 된다. 아무도 보지 않는 줄 알았던 매일의 태도가, 어느 순간 '저 사람은 믿을 수 있어'라는 신호로 전환된다.

결국 중요한 순간, 기회는 신뢰 위에 떨어진다. 회의에서 먼저 발언권을 얻고, 변화가 필요한 프로젝트에 먼저 호출되고, 새로운 보직이 생길 때 먼저 떠오르는 이름이 된다. 실력은 보여주면 되지만, 신뢰는 오직 '시간과 일관성'으로만 증명된다. 그래서 신뢰를 얻은 사람이 결국 이긴다. 눈에 띄지 않던 성실함이 결국 눈에 띄는 순간, 판이 뒤집힌다.

'말뿐인 사람'으로
찍히는 순간들

회의가 끝나고 누군가 말한다.

"이건 제가 처리할게요."

하지만 며칠 뒤 결과가 없으면, 사람들은 그 말을 신뢰하지 않게 된다. '적극적이다.'라는 칭찬은 사라지고 '말만 하는 사람'이라는 딱지가 붙는다.

한두 번은 "바빴겠지."로 넘어간다. 그런데 반복되는 순간, 팀은 더 이상 기대하지 않는다. 다음에 같은 말을 들어도 반가움보다 냉소가 먼저 올라온다. 말은 크고 빠른데, 행동은 작고 느릴 때 '말뿐'이라는 평판은 생각보다 빨리 붙는다.

이 낙인은 어느 날 갑자기 생기지 않는다. 작은 약속이 몇 번 어겨

지면서, 사람들은 조용히 판단을 바꾼다. "이번엔 예외"가 "또 이 패턴"이 되는 순간부터다. 직장에서 신뢰를 깎는 건 실수 자체가 아니라 일관성 없는 반복이다.

신뢰는 실력보다 '약속의 회수'에 좌우된다. 한 번 잘하는 사람보다, 매번 비슷한 품질과 속도로 해내는 사람이 더 믿음직하다. 반대로 "제가 하겠습니다."를 자주 말하면서도 마감이 흔들리고 결과가 허술하면, 말의 값은 급격히 떨어진다. 어느 순간부터는 그 사람이 뭘 하겠다고 말하면 오히려 주변이 다시 확인하게 된다. 이 단계가 오면 이미 신뢰는 기울었다.

그렇다면 말과 행동의 간극은 어떻게 줄일 수 있을까. 방법은 크지 않다. 말을 줄이고, 행동을 앞세우는 것부터다.

첫째, "제가 할게요."를 말하기 전에 5초만 계산하자.

지금 일정, 우선순위, 필요한 협조를 짧게 점검한 뒤에 말해도 늦지 않다. 의욕은 선언이 아니라 실행으로 증명된다. 무리한 약속은 대부분 '낙인'으로 돌아온다.

둘째, 말보다 행동을 먼저 내보내자.

"할게요." 대신 "해봤어요."를 목표로 삼는 것이다. 먼저 정리해 보고, 자료를 찾아보고, 초안을 만들어 놓고 말하면 신뢰는 자연스럽게 따라온다. 말은 흩어지지만, 행동은 남는다.

셋째, 작은 약속부터 지키는 연습을 하자.

"내일까지 정리해 둘게요.", "오늘 안에 공유해드릴게요." 같은 말이 쌓여 사람은 평가된다. 직장에서 말의 가치는 크기가 아니라 무게다. 작게 말해도 지키면 신뢰가 붙고, 크게 말해도 못 지키면 거품이 된다.

그래서 결국, 말뿐인 사람은 금방 들통난다. 그리고 그 뒤엔, 다시는 그 사람에게 기회를 주지 않는 아주 조용한 '신뢰의 퇴장'이 따라온다.

작은 약속부터 지키는
사람들의 습관

팀장이 자리에 앉자마자 말했다.

"이번 프로젝트, 전 과장에게 맡기죠. 말수는 없지만 믿고 갈 수 있어요."

조용한 한마디에 회의실은 자연스럽게 고개를 끄덕인다. 눈에 띠

게 화려하지 않아도, 어떤 사람에게는 늘 신뢰가 따라붙는다. 이유는 단순하다. 그 사람은 항상 같은 방식으로 약속을 지키고, 같은 모습으로 자리를 지키기 때문이다.

우리는 종종 '말로 나를 보여줘야 한다.'라고 착각하지만, 조직이 보는 것은 말이 아니라 행동의 반복이다. 커다란 한 방보다 작은 습관이 오래 지켜지는 모습을 높이 평가한다. 회의 시작 10분 전에 도착해 자료를 펼치는 동료, 회의록을 정리해 공유하는 주임, 매일 아침 "오늘도 잘 부탁드립니다."라고 인사하는 대리. 누구도 시키지 않았지만, 시간이 흐르면 이들에게는 '믿음직하다.'는 수식어가 붙는다.

반대로 좋은 성과를 내더라도 지각이 반복되면 평판은 금세 달라진다. 처음엔 "사정이 있겠지."라고 이해하지만, 몇 번 이어지면 사람들은 이렇게 결론을 낸다.

"그 사람은 원래 그래."

지각은 단순한 '시간' 문제가 아니라 책임감의 신호로 읽히고, 결국 신뢰를 갉아먹는다. 작은 약속을 지키는 습관이 신뢰를 쌓듯, 작은 약속을 반복해 깨뜨리는 습관은 신뢰를 무너뜨린다.

이것이 신뢰의 메커니즘이다. 직장 생활에서 신뢰를 결정짓는 건 크고 멋진 성과보다 작지만 꾸준한 태도다. 작은 행동의 일관성이 결국 사람을 설명한다. 다시 말해, 말은 순간이지만 습관은 기록처럼 남아, 사람들의 기억을 바꾼다.

한 스타트업 팀장 이 과장은 이렇게 말한다.

"업무 능력은 다 비슷해요. 누구에게 일을 먼저 맡길지 고민할 때는 결국 그 사람의 루틴을 봐요. 제시간 안에 회의에 들어오고, 스스로 일정을 챙기는 태도. 그게 신뢰를 만들어요."

작은 습관이 쌓이면 그 사람의 스타일이 되고, 곧 평판이 된다.

드라마 〈이상한 변호사 우영우〉의 주인공도 비슷한 상황에 놓인다. 처음엔 '자폐 스펙트럼', '신입'이라는 이유로 반신반의하는 시선을 받았지만, 우영우는 말로 자신을 증명하지 않았다. 먼저 출근해 사건 기록을 읽고, 판례를 정리하며, 작은 루틴을 쌓아갔다. 거창한 변론이 아닌 매일의 준비와 성실함으로 팀의 시선을 바꿔냈다.

신뢰는 말이 아니라
행동으로 만들어진다.

현실에도 늘 일정보다 하루 먼저 자료를 제출하는 팀원이 있고, 회식 다음 날 아침 단톡방에 "어제 고생 많으셨습니다."라고 남기는 선배가 있다. 반대로 일은 잘하지만 늘 마감 직전까지 재촉해야 움직이는 사람, 인사를 잘 하지 않는 후배도 있다. 나쁜 사람이어서가 아니다. 다만 함께 일할 때 '편하지'가 않는다. 그렇게 '신뢰하진 않지만 어쩔 수 없이 같이 일하는 사람'이 된다.

직장에서의 평판은 성격보다 습관에서 나온다. 신뢰받는 사람들의 공통점은 명확하다. 큰 약속보다 작은 약속부터 지킨다. "5분 후에 전화드릴게요."라면 정말 5분 후 전화가 온다. "내일까지 드리겠습니다."라면 하루 전 미리 보낸다. 약속의 크기에 차이를 두지 않는 모습에서 사람들은 '큰일도 맡길 수 있겠다.'고 확신한다.

그렇다면 사소한 습관으로 신뢰를 만드는 방법은 무엇일까. 먼저 10분 먼저 움직이는 습관을 들여보자. 조금 일찍 도착하면 여유가 생기고, 여유는 신뢰로 이어진다. 작업물을 한 번 더 검토하는 습관도 좋다. 오타 하나 없는 자료는 말보다 강한 인상을 남긴다. 무엇보다 정중한 인사를 습관처럼 하자. 반복된 존중은 사람을 기억하게 만든다. 마지막으로, 지시를 기다리기보다 먼저 확인하고 움직이는 사람이 되자. 팀이 가장 믿는 사람은, 늘 한 발 앞서 준비하는 사람이다.

신뢰는 한 번의 큰 성과로 완성되지 않는다. 눈에 띄지 않는 성실함이 차곡차곡 쌓여 '그 사람, 괜찮아.'라는 평판으로 바뀐다. 사람들은 결국 습관을 보고 신뢰를 결정한다. 진짜 신뢰는 말이 아니라, 습관의 합계로 만들어진다. 필요한 건 재능이 아니라 반복이다.

내일 아침, 회의실에 10분 먼저 들어가서 동료에게 먼저 인사해보자. 파일 이름을 정리하고, 메일을 한 번 더 확인한 뒤 보내자. 지금부터 단 하나의 행동만 바꿔도, 당신은 다르게 기억될 것이다. 그리고 그 작은 변화가 쌓여, 언젠가 누군가 당신을 가리키며 말할 것이다.

"그 사람이면 믿고 맡길 수 있어."

진짜 리더는
이끌지 않고 읽는다

당신의 생각은 어떤가?

"우리 회사에도 꼰대가 있다."

이 말에 고개를 끄덕인다면? 혼자만의 생각이 아니다.

행정안전부의 설문조사에 따르면, 20~30대 공무원 10명 중 9명은 조직 내에 '꼰대'가 존재한다고 느낀다. 가장 흔한 유형은 과거 경험만을 고집하고 세대 차이를 무시하는 '라떼는 말이야'형(50.7%)과 상명하복을 강요하는 '군대조교형'(23.9%)이다. 반면 시니어 공무원 39.8%는 "나는 꼰대가 아니다."라고 응답하며, "그렇다."고 인정한 비율은 15.7%에 불과하다.

이 간극은 무엇을 말해주는가? 리더가 자신은 신뢰를 받고 있다고 믿지만, 실제로는 그렇지 않을 수 있다는 현실을 보여준다. 많은 리더가 팀을 위해 헌신하고 있다고 생각하지만, 팀원은 같은 행동을 다르게 받아들인다. 팀원은 상사에게 쉽게 솔직한 피드백을 하지 않고, 리더는 듣고 싶은 말만 듣는다. 그렇게 인식의 간극은 점점 벌어지고, 리더는 자신의 방식이 불편함을 준다는 사실조차 모른 채 같은 말투와 태도를 반복한다.

최근 팀원과의 거리감을 호소하는 리더들이 많아졌다. 피드백을 해도 반응이 담담하고, 말끝마다 공기가 가라앉는다.
"내가 뭔가 잘못하고 있나."
문제의 시작이 무엇인지 짚기 어렵고, 풀어내는 방법도 선뜻 떠오르지 않는다. 그럴 때 스스로에게 질문을 던져보자.

"나는 팀원들에게 신뢰를 주는 리더인가, 아니면 부담을 주는 리더인가."

신뢰는 마음만으로는 부족하다. 그 마음이 어떻게 행동으로 드러나는지가 중요하다. 말투, 일관성, 피드백의 형태처럼 눈에 보이지 않지만, 행동 속에서 감지되는 요소로 형성된다.

그렇다면 나는 어떤 리더인가? 다음 비교표를 통해 점검해 보자.

좋은 리더	나쁜 리더
신중하게 결정한다. "이 결정이 팀에 어떤 영향을 미칠지 생각해 보자."	**충동적으로 결정한다.** "일단 해! 생각할 시간 없어."
성과는 팀과 나누고, 실수는 책임진다. "여러분 덕분에 성공했어요."	**성과는 독차지하고, 문제는 남 탓한다.** "이거 왜 이렇게 됐어? 누가 책임질 거야?"
팀원들의 의견을 경청하고 존중한다. "네 생각을 더 듣고 싶어."	**팀원들의 의견을 무시한다.** "네가 뭘 알아? 그냥 시키는 대로 해."
소통과 피드백을 주고받는다. "이 프로젝트에 대한 의견이 궁금해."	**일방적으로 지시한다.** "내가 말한 대로 해. 더 말할 필요 없어."
팀원들을 신뢰하고 권한을 위임한다. "이 일은 네가 더 잘할 것 같아. 맡아볼래?	**모든 걸 직접 해야 직성이 풀린다.** "내가 다 해야 제대로 돌아가지."

Lead가 아닌 Read하는
리더의 비밀

리더십이란 무엇일까. '리더'라는 말은 흔히 앞에서 이끄는 사람을 떠올리게 한다. 목표를 제시하고, 방향을 잡고, 조직을 움직이는 사람. 하지만 오늘의 조직은 앞에서 끌어주는 힘만으로는 움직이지 않는다. 복잡한 이해관계, 다양한 세대, 빠르게 변하는 업무 환경 속에서 필요한 리더는 단순한 '지휘자'가 아니라 '해석자'에 가깝다.

상대의 감정과 맥락을 읽고, 지금 무엇이 필요한지 파악하는 사람. 그래서 진정한 리더십은 'lead'보다 'read'에 가까워야 한다. 눈빛, 침묵, 말끝의 망설임에 담긴 신호를 감지하고, 지시가 아닌 공감으로, 압박이 아닌 연결로 팀을 움직이는 힘. 반대로 맥락을 놓치는 리더는 방향을 제시해도, 누구도 기꺼이 따르지 않는다.

한 회사의 신임 전무가 그랬다. 그는 성과를 "끌어내는 것"에만 집중했다. 첫 출근 날, 단단한 표정으로 말했다.

"상반기 실적 정리했고, 하반기 목표는 이겁니다."

말은 명확했지만, 온도는 없었다. 이어서 덧붙였다.

"이전 회사에서도 이렇게 했습니다. 여기서도 다르지 않을 겁니다."

그는 낯선 조직을 익숙한 방식으로 움직이려 했다. 성과 지표와 속도만 강조했고, 팀의 특성과 현실적 제약에는 귀를 기울이지 않았다. 직원들이 어려움을 설명하면 이미 정해진 답을 되풀이했고, 의견을 들은 뒤에도 "늘 날이 서 있네요."처럼 사람을 평가하는 말로 되돌렸다.

처음엔 직원들도 분위기를 맞추려 어색하게 웃었다. 그러나 작은 농담 속에 묻어난 무심함, 말끝에 걸린 비아냥이 쌓이면서 웃음은 사라지고 침묵이 대신했다. 고개를 숙이고, 눈을 피하는 시간이 늘었다. 조직은 돌아가지만, 그의 말에 마음이 움직인 사람은 없었다. 결국 그는 성과를 내기도 전에 회사를 떠났다. 남은 건 실적의 문제가 아니라 관계의 신호를 읽지 못한 리더라는 기억이었다.

많은 리더가 '어떻게 이끌 것인가(lead)'에만 집중한다. 하지만 리더십의 순서는 반대다. 먼저 읽고(read), 연결하고, 그다음에 이끈다(lead). 마음을 읽은 말은 지시가 아니라 신뢰가 되고, 그 신뢰를 바탕으로 팀을 움직인다.

조직은 말로 움직이지 않는다. 믿음으로 움직인다. 피드백은 지시가 아니라 연결이다. 그 연결은 이해에서 시작되고, 이해는 듣는 귀와 읽는 눈에서 비롯된다.

상황을 읽고, 분위기를 읽고, 사람의 표정을 읽는 사람이 그다음에 방향을 제시할 수 있다.

물론 타인의 마음을 읽는 리더가 되는 건 쉽지 않다. 구성원이 각기 다르듯, 리더의 성향도 제각각이기 때문이다. 누군가의 방식을 그대로 따라 하기보다, 자신만의 리더십을 점검하고 다듬는 과정이 필요하다.

나는 어떤 방식으로 신뢰를 주는가? 어떤 강점으로 사람을 이해하는가? 이 질문에 답하는 것이 '리더(Reader)'로 성장하는 첫걸음이다.

좋은 리더는 lead하는 사람이 아니라 read하는 사람이다. 책장을 넘기듯 팀의 변화에 귀를 기울이고, 문장을 해석하듯 말에 담긴 감정을 들여다보며, 글의 여백을 읽듯 침묵 속의 신호를 놓치지 않는다. 이제 리더십의 방향은 더 이상 '잘 이끄는 사람'이 아니라 '깊이 읽는 사람'으로 향하고 있다.

일관성 있는 방향을 제시하는
리더의 소통법

운전을 하다 보면 누구나 이런 경험이 있다. 네비게이션이 "좌회전입니다." 그래서 깜빡이를 켰는데, 곧바로 "경로를 재탐색합니다."라며 직진하라고 바꾼다. 방향이 흔들리면 불안해진다. 리더십도 마찬가지다.

마케팅팀 이 차장이 그걸 체감한 건 프로젝트 때문이었다.

"이번 프로젝트는 자유롭게 해보자."

팀원들은 들떴다. 그런데 일주일 뒤, 이 차장은 결과물을 보자마자 말했다.

"그래도 기본은 지켜야지. 왜 이렇게까지 다르게 했어?"

자유를 줬다가 통제를 거두는 순간, 팀원들의 선택은 무효가 됐다. 이런 일이 몇 번 반복되자 회의실은 조용해졌다. 어차피 또 바뀌겠지. 냉소가 자리 잡았다. 이 차장은 '요즘 애들이 적극성이 부족하다.'라고만 생각했다.

이 차장에게도 이유는 있었다. 위에서는 혁신을 요구했지만, 실패의 책임은 현장이 져야 했다. 자유를 주고 싶으면서도 결과가 불안해 다시 개입했다. 결국 매번 안전한 길로 끌고 간 것이다.

리더십 연구에서도 '일관성'은 신뢰의 핵심 요인으로 꼽힌다. 완벽한 리더보다 예측 가능한 리더가 필요하다. 예측이 깨지면 창의성은 마비되고, 사람들은 눈치만 보게 된다.

전환점은 선배 김 부장과의 대화였다.

"야, 박 상무 기억하지? 아침엔 A 하라더니 저녁엔 B 하라더라. 진짜 힘들었지."

이 차장은 씁쓸하게 웃었다.

"맞아. 내가 뭘 잘못하는지도 모르겠고, 박 상무가 뭘 원하는지도 모르겠고."

김 부장이 말했다.

"그래서 결국 어떻게 했어? 그냥 눈치만 보고 일했잖아. 내 생각은 접어두고.”

그 말에 이 차장은 얼굴이 붉어졌다. 자신이 지금 그때의 박 상무처럼 굴고 있다는 걸 깨달은 것이다.

이후 이 차장은 ‘메시지를 일관되게 하겠다.’라고 마음먹었다. 하지만 습관은 쉽게 바뀌지 않았다. 결과물이 마음에 들지 않으면 여전히 끼어들고 싶었다. 그럴 때마다 그는 한 박자 멈추고 김 부장에게 전화했다.

“형, 또 개입하려고 했어.”

“괜찮아. 중요한 건 계속 의식하고 조정하는 거야.”

한 달쯤 지나자 그는 방법을 찾았다. 방향과 방법을 구분하는 것이었다. 큰 틀은 처음 정한 방향대로 하되, 필요한 부분만 보완하는 식으로 말이다.

“목표는 유지하되, 접근 방식은 두 가지로 테스트해 보죠.”

3개월 뒤 팀원들이 조금씩 의견을 냈고, 6개월 뒤엔 “차장님은 한

번 정하면 끝까지 밀어준다.”라는 평판이 생겼다. 이는 곧 조직 심리학에서 말하는 ‘심리적 안전감’이었다. 예측 가능한 반응 덕에 실패를 두려워하지 않고 의견을 낼 수 있게 된 것이다.

이 변화는 퍼져나갔다. 영업팀의 박 과장, 인사팀 김 대리도 자신의 지침을 자주 바꿔왔음을 반성하고 원칙을 정했다. 그 결과 팀원들은 스스로 판단하며 흔들림 없이 일했다.

1년 후, CEO는 전체 임원 회의에서 말했다.
“일관성이 이렇게 큰 힘인지 몰랐습니다. 우리 회사가 안정적인 조직이 되고 있는 것 같아요.”
실제 직원 만족도 조사에서도 ‘상사의 일관성 있는 리더십’ 점수가 크게 올랐다.

방향은 생각보다 많은 것을 결정한다. 그것이 선명하면 사람들은 멈추지 않는다. 흔들리지 않는 신호가 있을 때, 불안 대신 믿음이 자란다. 리더는 결국 예측 가능한 길을 제시하는 나침반이다. 완벽한 길이 아니라도, 예측 가능한 길이면 충분하다.

말보다 우선순위로
신뢰를 보여주는 방법

일관성과 함께 리더가 가져야 할 또 다른 중요한 자질이 있다. 바로 '우선순위의 공정성'이다.

"난 너희가 중요해."

리더는 종종 그렇게 말하지만, 팀원은 말보다 행동의 순서를 본다. 누구의 이야기를 먼저 듣는지, 문제가 생겼을 때 누구에게 먼저 전화를 하는지, 그 작은 선택에서 자신이 신뢰받는지 아닌지를 감지한다.

리더는 다 챙기고 있다고 믿지만, 팀원은 '나는 늘 나중'이라 느낀다. 겉으로는 공정해 보여도 행동반경 안에 특정인만 있으면 신뢰는 무너진다. 박 이사가 그랬다. 늘 "팀이 소중하다."라고 말했지만 실제로는 몇몇 직원만 먼저 챙겼다. 결국 사람들은 "말은 공평한데 마음은 다 보인다".라며 체념했고, 그 침묵은 조직의 신뢰를 갉아먹었다.

리더십에서 가장 위험한 착각은 '내 마음을 알아주겠지.'다. 진심이 있어도 행동이 일관되지 않으면 팀원은 불신으로 해석한다. 특히 '누구의 목소리에 먼저 반응하는가.'에 민감하다.

윤 과장의 사례는 이를 보여준다. 그녀는 10년간 묵묵히 조직을 지켜왔다. 새 지점이 생기자, 부장은 그녀에게 "윤 과장은 담당자로 가는 거야. 윤 과장이 있어서 너무 든든해. 나는 무조건 믿고 전적으로 지지할 테니 잘 관리해 줘."라고 말했다. 윤 과장은 그 말을 믿고 주저 없이 낯선 곳으로 갔다.

문제는, 그 지점의 직원들이 입사 동기인 신입 과장보다 윤 과장을 더 따랐다는 것이다. 그건 자연스러운 일이었다. 10년 동안 쌓아온 신뢰와 실력, 그리고 조용한 배려는 사람들을 자연스럽게 끌어당겼다. 하지만 신입 과장은 그 상황이 점점 불편해졌고 부장에게 이렇게 보고했다.

"윤 과장이 편 가르기를 하고 있습니다. 심지어 본사에 대해 좋지 않은 말도 하고 다니는 것 같아요."

부장은 확인도 없이 곧장 윤 과장을 불렀다. 목소리는 차갑고 단정적이었다.

"윤 과장, 왜 분위기를 흐트러뜨려? 요즘 본사 욕하고 다닌다며?"

윤 과장은 머리가 하얘졌다. 며칠 전까지 "전적으로 지지한다."라고 하던 리더가, 단 한 번도 사실을 확인하지 않고 다른 목소리만 먼저 믿은 것이다. 그 순간 신뢰는 무너졌다. 윤 과장은 오래 버티지 않고 조직을 떠났다. 신뢰는 쌓는 데는 오래 걸리지만, 무너지는 건 한순간이다.

그렇다면 리더는 어떤 기준으로 우선순위를 세워야 할까. 모든 팀원을 똑같이 챙길 수는 없다. 대신 기준을 흔들지 않는 것이 중요하다. 새로운 목소리에 귀 기울이되, 오래 쌓인 신뢰를 가볍게 의심하지 말 것. 그리고 판단하기 전에 반드시 당사자의 설명을 먼저 듣는 순서를 지킬 것.

효과적인 리더는 우선순위의 기준을 공개한다. "긴급 건은 담당자 순으로 연락하겠다."처럼 원칙을 투명하게 말하면 팀도 납득한다. 리더의 선택은 편 가르기가 아니라, 조직 전체의 신뢰 흐름을 지키기 위한 기준이어야 한다.

결국 리더십은 포괄적인 다짐이 아니라, 이 순간 누구에게 먼저 반응하느냐에서 시작된다. 오늘 당신이 먼저 들어줄 목소리는 누구의 것인가? 그 순서 속에 담긴 당신의 진심이, 조용히 누군가의 마음을 움직이고 있을지도 모른다.

당신 안에 숨은 리더 DNA 찾기

리더십은 단순히 성향이나 스타일만의 문제가 아니다. 그래서 자신의 강점을 제대로 알고 그것을 활용하는 방식으로 발전시켜야 한다. 당신 안에는 어떤 리더십의 씨앗이 숨어 있을까? 다음 문장들을 하나씩 읽으면서 '나를 잘 설명한다.'고 생각되는 항목에 체크하자.

A부터 H까지 중에서 가장 많이 체크된 글자가 당신의 리더십 강점을 보여준다.

A그룹
（　개）

- ☐ 작은 디테일까지 신경 쓴다.
- ☐ 실수를 최소화하려고 노력한다.
- ☐ 목표를 완벽히 달성하려 노력한다.
- ☐ 세부적인 요소를 꼼꼼히 점검한다.
- ☐ 예상 가능한 리스크를 사전에 검토한다.

B그룹
（　개）

- ☐ 작은 디테일까지 신경 쓴다.
- ☐ 기존 방식을 넘어선 해결책을 찾는다.
- ☐ 틀을 깨는 접근을 즐긴다.
- ☐ 창의적인 해결책을 모색한다.
- ☐ 새로운 관점을 팀에 공유한다.

C그룹
（　개）

- ☐ 빠르고 과감한 결정을 내린다.
- ☐ 어려운 상황에서도 방향을 제시한다.
- ☐ 결과에 대한 책임을 감수한다.
- ☐ 팀이 주저할 때 결단을 내린다.
- ☐ 신속하게 대안을 마련한다.

D그룹
（　개）

- ☐ 팀원들의 감정을 잘 이해한다.
- ☐ 갈등을 잘 중재한다.
- ☐ 어려움에 처한 사람을 적극 돕는다.
- ☐ 상대방의 입장에서 생각하려 한다.
- ☐ 상대방의 숨겨진 니즈를 파악한다.

E그룹 (개)	☐ 변화에 민첩하게 대응한다. ☐ 필요에 따라 계획을 수정한다. ☐ 예상치 못한 상황에서도 침착하다. ☐ 상황 변화에 맞게 우선순위를 재설정한다. ☐ 다양한 의견을 수용하며 대안을 조정한다.

F그룹 (개)	☐ 자신에게 맡겨진 일을 끝까지 완수한다. ☐ 팀의 성공을 위해 헌신한다. ☐ 자신의 역할을 충실히 수행한다. ☐ 팀을 위해 필요한 희생을 감수한다. ☐ 팀원들에게 신뢰를 심어주는 태도를 보인다.

G그룹 (개)	☐ 문제를 체계적으로 분석한다. ☐ 데이터를 기반으로 결론을 도출한다. ☐ 논리적으로 문제를 해결한다. ☐ 복잡한 문제를 구조화한다. ☐ 분석 결과를 명확히 전달한다.

H그룹 (개)	☐ 목표 달성을 위해 실행으로 옮긴다. ☐ 설정한 목표를 꾸준히 추진한다. ☐ 성과를 내기 위해 행동을 주도한다. ☐ 실행력이 뛰어나다고 평가받는다. ☐ 팀원들을 동기부여하여 실행을 독려한다.

결과 확인

A가 많다면: 꼼꼼함의 리더

책을 한 줄도 놓치지 않고 읽는 독자처럼, 당신은 리스크를 사전에 점검하고 세부 사항을 꼼꼼히 확인한다. 실수를 최소화하며 팀에 안정감을 주는 정밀한 리더이다. 당신의 세심함은 팀원들에게 '이 사람과 함께라면 안전하다.'라는 신뢰를 준다. 하지만 때로는 완벽함에 대한 강박이 팀의 속도를 늦출 수 있다. 완벽한 계획보다 완성된 실행이 더 큰 신뢰를 만든다는 점을 기억하자. 당신의 꼼꼼함은 팀의 안전 벨트가 된다.

B가 많다면: 창의성의 리더

기존 문장을 새로운 의미로 읽어내는 독자처럼, 새로운 관점으로 문제를 바라보며 변화를 이끈다. 익숙한 답 대신 다른 길을 제안하며 팀에 창의적 동력을 불어넣는 리더이다. 당신의 시각은 팀을 정체에서 벗어나게 한다. 다만 변화에 대한 두려움을 가진 팀원들도 있다. 혁신은 설득이 아니라 함께하는 경험에서 받아들여진다. 당신의 창의성은 결국 팀의 새로운 문장을 써 내려가는 힘이 된다.

C가 많다면: 결단력의 리더

주저하지 않고 책장을 넘기듯, 당신은 결정의 순간에 방향을 제시한다. 행동으로 확신을 주며 팀을 이끄는 단단한 추진력을 가진 리더이다. 당신의 결단력은 불확실한 상황에서 팀에게 방향감을 준다. 하지만 모든 결정이 옳을 수는 없다. 잘못된 결정도 신속히 인정하고 수정하는 용기가 진정한 결단력이다. 당신의 결단은 언제나 팀의 나침반이 된다.

D가 많다면: 공감의 리더

텍스트를 넘어 마음의 행간을 읽듯, 당신은 팀원들의 감정을 읽어내고 관계를 조율한다. 갈등을 중재하며 모두가 편안하게 일할 수 있는 공간을 만들고, 사람을 중심에 둔 리더이다. 당신의 공감 능력은 팀의 결속력을 높인다. 하지만 감정에 치우쳐 필요한 결정을 미루는 일은 없어야 한다. 진정한 공감은 상대를 위한 어려운 말도 할 줄 아는 것이다. 당신의 공감은 팀의 언어를 하나로 묶는다.

E가 많다면: 유연성의 리더

한 문장에도 여러 해석이 있듯, 당신은 상황에 맞는 유연한 대응으로 팀을 지지한다. 예상 밖의 흐름에도 흔들리지 않고 중심을 잡아주는 리더이다. 당신의 적응력은 변화하는 환경에서 팀을 안정시킨다. 하지만 너무 자주 방향을 바꾸면 팀원들이 혼란스러워할 수 있다. 유연함은 일관성과 균형을 이룰 때 빛난다. 당신의 유연성은 언제나 팀의 완충장치가 된다.

F가 많다면: 책임감의 리더

마지막 장까지 책을 덮지 않는 독자처럼, 당신은 맡은 일을 끝까지 완수한다. 신뢰를 쌓고, 태도로 팀원에게 본보기가 되는 실천형 리더이다. 자신의 태도로 팀원에게 본보기가 되며, 성실함과 헌신으로 팀을 이끈다. 당신의 책임감은 팀에게 든든함을 준다. 하지만 혼자 모든 것을 감당하려 하면 번아웃이 올 수 있다. 진정한 책임감은 팀원들이 함께 성장할 기회를 만드는 것이다. 당신의 책임감은 팀의 뿌리가 된다.

G가 많다면: 분석력의 리더

책의 목차와 구조를 먼저 훑고 흐름을 파악하듯, 당신은 텍스트의 흐름을 논리적으로 분석하고 문제의 원인을 구조적으로 파악한다. 감정보다 이성과 분석을 앞세워 팀의 방향을 명확히 세우는 전략가형 리더이다. 당신의 분석력은 복잡한 상황을 단순하게 정리해준다. 하지만 분석에만 머물러 실행이 늦어지면 기회를 놓칠 수 있다. 완벽한 분석보다 적절한 시점의 실행이 더 큰 성과를 만든다. 당신의 분석력은 팀의 지도와도 같다.

H가 많다면: 추진력의 리더

읽은 내용을 밑줄로만 남기지 않고 바로 실천으로 옮기듯, 당신은 아이디어에만 머무르지 않고, 실행으로 옮기며 목표를 이루어낸다. 팀을 실제 성과로 이끄는 강한 추진력을 지닌 리더이다. 당신의 실행력은 팀에게 성취감을 준다. 하지만 성과에만 집중하다 보면 과정에서 팀원들을 놓칠 수 있다. 함께 달려가야 진짜 성과가 나온다. 당신의 추진력은 팀의 엔진이 된다.

테스트를 통해 확인한 강점은 나만의 리더십이 시작되는 자리다. 꼼꼼함으로 신뢰를 얻기도 하고, 추진력으로 팀에 에너지를 더하기도 한다.

공감력으로 관계를 다지고, 분석력으로 문제를 풀어내기도 한다.

리더십에는 정답이 없다. 내 강점을 '태도'로 녹여내고, 부족한 부분을 채우며 팀과 함께 성장하는 것이다. 변화는 거창한 계획이 아니라 오늘의 작은 선택에서 시작된다.

당신은 어떤 리더인가? 지금, 당신의 태도가 곧 팀의 신뢰가 된다.

신뢰는 ‘무엇을 말하느냐’가 아니라 ‘어떻게 말하느냐’에 달렸다

회의가 끝나고 돌아서는 길, 장 대리는 마음이 씁쓸하다. 상사는 ‘고생했어요.’라고 말하며 눈길을 휴대폰으로 돌렸다. 그 말이 진심인지, 그냥 습관처럼 나온 인사인지 알 수 없었다.

“내가 뭘 실수했나?”

목덜미를 타고 내려오는 싸한 온기가 마음 한구석을 식혔다.

누군가는 “수고했어요.” 한마디에도 온기가 느껴지고, 누군가는 “잘했어요.”라고 해도 왜인지 껍데기처럼 들린다. 결국 사람은 말보다 태도를 기억한다.

말은 정보 전달의 도구이기 이전에, 신뢰를 주고받는 방식이다.

우리가 말하는 방식은 곧 '나'라는 사람의 태도를 드러낸다. 그리고 그 태도 속에서 상대는 "이 사람, 믿을 수 있는 사람인가?"를 본능적으로 판단한다. 그렇다면 우리는 어떻게 말해야 상대의 마음을 열고, 신뢰를 얻을 수 있을까?

같은 내용도 다르게 들리는 전달법의 비밀

신뢰를 만드는 말은 특별하지 않다. 명확하고 간결한 말이 오히려 가장 강하다. 모호한 표현은 안개처럼 퍼져 책임을 흐리고, 오해를 키운다. 특히 상황이 복잡하고 시간이 부족할수록 말은 흐릿해지고, 그 흐릿함이 신뢰를 무디게 만든다.

복잡한 상황일수록 말은 단순해야 한다.『스티브 잡스처럼 일하라』의 저자 카민 갤로는 "간결한 메시지는 마음을 열고 행동을 이끈다."라고 말한다. 명료함은 상대의 불안을 덜어주는 조용한 배려다.

하지만 말이 아무리 간결해도 근거가 없으면 쉽게 흔들린다. "왜 그렇게 생각하세요?"라는 질문 앞에서 버티려면, 신뢰를 지탱할 토대가 필요하다.

소비재 회사 마케팅팀의 지 대리가 그랬다. 신제품 캠페인 성과가 목표 대비 20% 낮게 나오자, 팀장은 회의에서 단도직입적으로 물었다.

"결국 광고를 더 밀어야 한다는 거죠?"

지 대리는 감이 아니라 숫자로 답했다.

"설문 응답자의 65%가 제품의 특장점을 잘 모르겠다고 답했습니다."

그리고 핵심만 이어 말했다.

"광고 노출 시간대가 어긋나 있습니다. 매장 방문이 가장 많은 오후 4시~6시에 집중적으로 집행하고, 메시지를 '강점이 한 번에 보이게' 재구성하면 한 달 안에, 반전 가능합니다."

짧은 정적 끝에 팀장은 고개를 끄덕였다.

"좋아요. 그렇게 해봅시다."

실제로 한 달 뒤, 매출은 눈에 띄게 회복됐다. 결정은 길어지지 않았고, 논쟁도 길어지지 않았다. 근거가 말의 무게를 만들어냈기 때문이다.

숫자는 감정을 객관으로 바꾸고, 추상을 현실로 끌어온다. 데이터는 차갑지만 그 차가움이 오히려 판단을 정리하고 신뢰를 세운다. '내 생각'이 아니라 '보여줄 수 있는 사실' 위에 서는 순간, 같은 말도 다르게 들린다.

실제로 지 대리의 성공이 우연만은 아니다. PwC가 1,000명 이상의 고위 경영진을 대상으로 한 조사에서는, 데이터 기반 의사결정을 하는 조직이 의사결정의 개선을 보고할 가능성이 더 높게 나타났다. 데이터 중심 기업이 성과 측면에서 유리하다는 연구도 반복된다. 근거는 신뢰를 세우는 가장 단단한 기둥이다.

상대방의 감정을 존중하면서 핵심을 전달하는 법

그래프가 아무리 명확해도 말투가 얼음장 같으면 마음은 닫힌다. 사람은 논리로 납득하지만 감정으로 움직인다. 올바른 조언이라도 차갑게 들리는 순간 신뢰는 멀어진다. 진심을 전하고 싶다면 말의 방향뿐 아니라 온도도 조절해야 한다.

길거리에서 한 시각장애인이 "나는 장님입니다. 도와주세요."라고 적었을 때는 아무도 멈추지 않았다. 그런데 지나가던 누군가가 글귀를 이렇게 바꿔 적었다.

"아름다운 날입니다. 그리고 저는 그것을 볼 수 없네요."
순간 사람들의 발걸음이 멈췄고, 도움의 손길이 이어졌다. 같은 내용도 말의 '온도'가 바뀌면 전혀 다르게 들린다.

사실은 같다. '앞을 보지 못한다.'라는 정보는 변하지 않았다. 다만 표현에 감정이 얹히자 사람들의 마음이 움직였다. 데이터가 뼈대라면, 감정은 그 뼈대에 살을 붙이는 것이다. 숫자가 정확성을 보장한다면, 스토리는 그 정확성을 마음에 닿게 만든다.

이 차이를 디자이너 김 대리는 업무에서 겪었다. 첫 시안 리뷰에서 팀장은 무표정하게 말했다.

"이건 광고 내용과 안 어울려요. 이대로는 클라이언트에게 못 보여요."

맞는 말이었지만, 말의 날이 너무 서 있었다. 김 대리는 위축됐고, 이후 작업 속도는 눈에 띄게 떨어졌다.

몇 달 뒤 팀장이 바뀌었다. 새 팀장은 같은 수준의 시안을 보며 이 렇게 말했다.

"색감이 좋아요. 이 부분은 클라이언트도 분명 좋아할 겁니다. 메 시지만 조금 더 간결하게 다듬으면 훨씬 강해지겠네요."

김 대리는 다시 손에 힘이 들어갔다. 개선점이 '심판'이 아니라 '방 향'으로 들렸기 때문이다. 같은 피드백이어도 존중이 담기면 사람을 세우고, 존중이 빠지면 사람을 꺾는다.

다만 감정적 배려에도 한계는 있다. 조직이 극한 상황에 몰리면 위로보다 명확한 판단과 행동이 먼저일 때가 있다. 중요한 건 "따뜻 하게만 말하자."가 아니라, 긴급성과 관계의 지속성 사이에서 균형 을 잡는 것이다. 급한 불을 끌 때는 선명한 지시가 필요하고, 불을 끈 뒤에는 그 과정에서 생긴 상처를 돌아보는 시간이 필요하다.

또 한 가지. 상대가 이미 한계에 다다랐다면, 조언이 오히려 독이 될 수 있다. 그럴 땐 해결책보다 "힘들었겠네요." 같은 한 문장이 먼저다. 때로는 침묵과 여유가 마음을 열고, 더 나은 답으로 이어진다.

이제 세 갈래의 조언이 하나로 모인다. 명확함은 길을 비추고, 근거는 기둥을 세우며, 따뜻함은 그 길 위에 온기를 더한다. 여기에 상황을 읽는 균형감각이 더해질 때, 조언은 지시가 아니라 영향력이 된다.

**명확한 말은 시간을, 근거 있는 말은 신뢰를,
따뜻한 말은 사람을 움직인다.**

실수했을 때가
진짜 신뢰를 쌓을 기회다

위기 상황에서
신뢰를 지키는 골든 타임

월요일 아침, 코끝에 빗방울이 스쳤다. 마케팅팀 정 팀장은 늘 그랬듯 회사 맞은편 카페에서 따뜻한 라떼를 받아 들고 엘리베이터에 올랐다. 거울 속 자기 얼굴을 바라보며 중얼댔다.

"오늘은 별일 없겠지."

그러나 책상에 앉아 금요일 퇴근 전 보낸 견적서를 다시 열어본 순간, 심장이 쿵 내려앉았다. 내부용 가격표가 그대로 첨부된 채 고객사로 발송된 것이다. 죄책감보다 더 무서운 건, 이 한 번의 실수가 팀 전체의 신뢰를 흔들 수 있다는 두려움이었다.

정 팀장은 입사 3년 차 때를 떠올렸다. 중요한 프레젠테이션에서 경쟁사 데이터를 잘못 인용했을 때, 부장이 이렇게 말했다.

"실수는 누구나 해. 그런데 실수를 어떻게 처리하느냐가 진짜 실력이야. 오늘 바로 인정하고 해결책을 낸 건 좋았어. 그래서 고객도 우리를 더 믿게 됐고."

그때 배운 건 하나였다. 숨지 말고 투명하게 드러내라. 신뢰는 완벽함이 아니라 대응에서 만들어진다.

브레네 브라운의 문장이 문득 생각났다.

"취약함을 인정하는 순간 용기가 시작된다."

정 팀장은 팀 채널에 짧게 남겼다.

"제가 실수했습니다. 10분 안에 수정본 보내고, 고객사에 바로 전화 드리겠습니다."

인정과 계획, 이 두 줄이 팀의 긴장을 먼저 눌러줬다.

곧바로 고객사에 전화했다.

"제 불찰로 번거롭게 해 드려 죄송합니다. 수정본을 지금 보내드리겠습니다."

잠시 침묵이 흐른 뒤, 상대가 말했다.

"빠른 피드백 감사해요."

정 팀장은 속으로 되뇌었다. '실수보다 빠른 대처가 신뢰를 지킨다.'

잠시 뒤 상무의 호출이 떴다.

"왜 이런 일이 생겼지?"

정 팀장은 변명하지 않았다.

"검수 체크리스트가 허술했습니다. 오늘 안으로 체크리스트를 재정비하고, 발송 전 이중 확인을 의무화하겠습니다. 담당자 확인 후 서명 절차를 넣어 프로세스를 바꾸겠습니다."

상무는 고개를 끄덕이며 짧게 말했다.

"다시는 이런 일 없도록."

한 번의 기회를 준다는 뜻이었다. 다음은 말이 아니라 행동으로 보여 달라는 신호였다.

같은 시각. 다른 층, 재무팀 박 부장의 책상 위에도 경고창이 떴다. 월말 정산 파일의 중요한 셀이 오류를 표시하고 있었다. 전체 매출

총합이 '0'으로 뜨는 상황. 박 부장은 인상을 찌푸리며 중얼거렸다.

"또 회계팀이 형식을 바꿔놨군."

박 부장에게는 아픈 기억이 있었다. 10년 전 첫 직장에서 그는 실수를 정직하게 고백했다.

"팀장님, 제가 실수했습니다. 지금 바로 수정하겠습니다."

그러나 다음 날, 그는 전 직원 앞에서 30분간 질책을 받았다.

"박 대리 때문에 우리 팀이 얼마나 큰 위기에 처했는지 압니까?"

그날 이후 '정직한 고백'은 꼬리표가 됐다. 사람들 말이 농담처럼 날아와도 비수였다. 그래서 지금의 박 부장은 인정하는 순간 다시 벌어질 일부터 떠올린다. 상처가 만든 방어였다.

그는 팀원을 불렀다.

"이거 고쳐서 가져와. 급해."

표정과 어조에는 '나는 빠져야 한다.'라는 메시지가 섞였다. 이어 임원에게 전화를 걸었다.

"원인을 파악 중입니다. 조금만 기다려주세요."

임원이 물었다.

"언제 끝나?"

시간도 계획도 없는 말이 쌓일수록, 임원의 불안은 커졌다. 오후 회의에서 결국 임원은 목소리를 높였다.
"왜 아직도 해결이 안 됐나?"
재무팀은 침묵했다. 책임 회피 → 모호한 대응 → 미뤄진 해결. 이 흐름이 신뢰의 나사를 조용히 풀어버렸다.

만약 박 부장이 이렇게 말했다면 어땠을까?
"정산 파일에서 제가 확인을 놓친 부분이 있어 수치에 오류가 발생했습니다. 1시간 내로 복구하겠습니다. 마감 일정에 영향이 간다면 우선 예상 수치와 대응 계획을 공유해드리겠습니다."
그 한마디였다면, 상황은 완전히 달라졌을 것이다.

문제는 실수 그 자체가 아니었다. 그 실수를 어떻게 말했느냐, 그리고 어떤 태도로 책임졌느냐가 신뢰를 만들 수도, 무너뜨릴 수도 있다는 걸 보여준 하루였다. 그 하루는 같은 빌딩 안에서 두 개의 다른 결과를 남겼다.
두 사람의 운명을 가른 건 무엇이었을까? 바로 신뢰 회복의 골든 타임이었다. 실수가 발생한 순간부터 약 30분, 이것이 바로 상대방의 신뢰를 지키거나 잃는 결정적 시간이다.

정 팀장은 실수를 발견한 지 5분 만에 팀 채널에 메시지를 남겼고, 10분 만에 고객사에 전화를 걸었다. 반면 박 부장은 30분이 넘도록 원인을 찾느라 시간을 보내며 해결은 뒤로 미뤘다. 이 30분 안에 어떤 말을, 어떤 태도로, 어떤 순서로 하느냐가 관계의 운명을 결정한다. 30분 안에 인정하고, 해결책을 제시하고, 재발 방지를 약속하면 실수는 오히려 신뢰를 더 단단하게 만드는 접착제가 된다. 하지만 30분이 지나면서 변명이 쌓이고, 책임이 흐려지고, 해결이 늦어질수록 신뢰의 금이 더 깊어진다.

두 사례를 나란히 놓으면, 같은 '실수'가 전혀 다른 결과를 낳은 이유가 선명해진다.

	정 팀장(신뢰 유지)	박 부장(신뢰 손상)
첫 반응	본인 과실 즉시 인정	타 부서·팀원 탓
정보 제공	10분 내 수정 약속, 구체적 제시	"파악 중" 같은 모호한 답변
책임 소재	본인이 직접 고객 대응	팀원에게 전가
재발 방지	구체적 시스템 개선안 제시	별다른 대책 없음

두 팀장처럼 누구나 직장에서 실수를 한다. 중요한 파일을 누락하거나, 발표 일정을 놓치거나, 말실수로 관계에 균열을 만든다. 실수 자체보다 중요한 건 그다음의 대화 방식이다. 어떻게 말하느냐가 신뢰를 무너뜨릴 수도, 단단하게 만들 수도 있다. 하지만 많은 사람이 실수를 숨기거나 '왜 그렇게 됐는지'에 집중하다 타이밍을 놓친다. 신뢰를 회복하는 대화는 '설명'보다 '책임'에서 출발한다.

사과의 기술:
변명 vs 인정 vs 해결책

정 팀장과 박 부장의 상반된 하루를 떠올리며, 그 흐름 속에서 방법을 짚어보자. 신뢰를 회복하는 대화는 거창한 화법이 아니라 아주 단순한 세 가지 행동으로 완성된다. 실수 앞에서 우리가 선택할 수 있는 세 가지 길이 있다. 각각의 길은 완전히 다른 결과를 만들어낸다.

지난주 영업팀 김 과장에게 일어난 일이다. 중요한 보고서에서 매출 수치를 잘못 기재한 것을 회의 직전에 발견했다. 그 순간 그의 머릿속에는 세 가지 선택지가 떠올랐다.

첫 번째는 변명이다.

"아, 그게 시스템이 자꾸 오류가 나서요. 어제부터 계속 이상했거든요. 그리고 다른 부서에서도 비슷한 일이 있었다고 들었어요."

원인을 밖으로 돌리고 책임을 줄이려 한다. 당장은 덜 창피할 수 있지만, 상대는 더 예민해진다. "그럼 왜 미리 확인 안 했어?"라는 질문이 따라오고, 해결은 뒤로 밀린다. 남는 건 책임 공방이고, 신뢰는 빨리 깎인다.

두 번째는 인정만 하는 것이다.

"죄송합니다. 제가 잘못했습니다. 정말 죄송해요."

이건 첫 번째보다는 낫지만, 여전히 불완전하다. 인정은 했지만, 해결책이 없다. 상대는 결국 묻게 된다. "그래서 어떻게 할 건데?" 인정만으로는 상황이 끝나지 않는다.

세 번째는 완전한 사과이다. 김 과장이 선택한 길이다.

"제가 확인을 놓쳤습니다. 15분 안에 정확한 수치로 수정해서 다시 보내드릴게요. 앞으로는 발송 전 이중 체크 시스템을 만들어서 이런 일이 재발하지 않도록 하겠습니다."

이것이 완전한 사과의 구조다. 인정("제가 확인을 놓쳤습니다."), 해결책("15분 안에 수정해서 보내드릴게요."), 재발 방지("이중 체크 시스템을 만들겠습니다."). 상대방의 불안이 즉시 해소되고, 신뢰가 오히려 더 단단해진다. 해결에 집중할 수 있다.

김 과장의 팀장은 고개를 끄덕이며 말했다.

"15분 후에 다시 보자."

그리고 정확히 14분 후, 수정된 보고서가 메일함에 도착했다. 회의는 예정대로 진행됐고, 김 과장은 그날 이후 자료를 반드시 이중 체크했다. 3개월 뒤 팀장은 말했다.

"그때 처리 방식이 아직도 기억나. 그래서 더 믿음이 가."

세 번째 길, 완전한 사과의 핵심은 구체성이다. "빨리" 대신 "15분 안에"처럼 숫자로 약속하는 것이다. 숫자는 상대의 불안을 잠근다. 또 "조심하겠습니다."가 아니라 "체크리스트를 만들겠습니다."처럼 시스템으로 재발을 막겠다고 말해야 한다. 그리고 순서는 늘 같다. 인정 → 해결책 → 재발 방지. 순서가 바뀌면 변명처럼 들리거나 회피로 보인다.

결국, 실수 앞에서 우리가 할 일은 세 걸음이다. 인정하고, 약속하고, 다시는 반복되지 않도록 막는 것. 이게 갖춰지면 실수는 균열이 아니라 신뢰를 더 단단히 묶는 연결고리가 된다. 이제 남은 과제는 하나다. 그 말이 튀어나오기 직전, 요동치는 감정을 어떻게 다스릴 것인가다.

감정이 앞설 때
신뢰를 잃지 않는 응급처치법

"자극과 반응 사이에는 공간이 있다. 그 공간에서 우리는 반응을 선택할 자유를 갖는다. 그리고 그 선택 안에 우리의 성장과 행복이 있다."

빅터 프랭클의 이 말은 참 멋지다. 하지만 회의실에서 누군가 정색하고 "이거 왜 이렇게 된 거죠?"라고 묻는 순간엔 떠오르지 않는다. 숨이 턱 막히고 "어……. 확인해 보겠습니다."라는 말이 먼저 튀어나온다. 그리고 나서야 후회한다. 왜 그렇게밖에 말 못 했지? 감정과 반응 사이 '공간'이 있다면, 도대체 어디란 말인가.

다이어트를 결심한 당신 앞에 달콤한 케이크가 놓여 있다고 생각해 보자. 케이크를 보는 순간(자극), 무의식적으로 손이 그쪽으로 향한다(반응). 하지만 그사이, 짧은 순간이 있다.

"어? 잠깐만, 나 다이어트 중이잖아."

그 찰나의 순간이 바로 '공간'이다. 이 공간에서 우리는 선택할 수 있다. 케이크를 먹을 수도 있고, 물을 마실 수도 있다.

직장에서도 마찬가지다. 보이지 않지만 분명 존재하는 그 틈, 말이 튀어나오기 직전의 "잠깐만"이 바로 공간이다. 강한 자극을 받으면 뇌는 감정을 먼저 처리하고(흥분·당황·억울함), 이성을 담당하는 조절 기능은 한 박자 늦게 돌아온다. 그래서 말이 내 의도보다 감정 쪽으로 쏠린다. 하지만 그사이에 숨 한 번, 멈춤 한 번이라도 끼워 넣으면 결과가 달라진다.

이 찰나의 공간을 처음으로 제대로 쓴 사람이 있었다. IT 스타트업 회의실, 점심을 앞둔 나른한 공기 속으로 신입이 들어왔다.
"아침에 보낸 제안서가……. 다른 파일로 나갔대요."
팀장이 낮게 물었다.
"누가 보냈지?"
신입이 "제가요."라고 말하는 순간 공기가 얼었다. 최 과장의 목구멍까지 "왜 확인도 안 하고 보냈지?"가 올라왔다. 속이 풀릴 만큼 쉬운 말이었다.

그런데 그는 속으로 한 번 멈췄다. '잠깐만.' 그리고 이렇게 말했다.
"일단 다시 보낼 자료부터 정리하죠. 10분이면 됩니다."
그 한마디가 팀의 기울어진 감정을 바로 세웠다. 실수를 덮자는 게 아니라, 사람이 무너지지 않게 균형을 잡자는 선택이었다. 팀에는 "우린 사람을 탓하기 전에 해결부터 본다."라는 신호가 남았다. 그게 신뢰였다.

하지만 실수가 내 몫이 되는 순간은 더 어렵다. 회의 직후 팀장은 화면을 한 번 훑더니 툭 던졌다.

"이거 왜 이래? 누가 저장했어?"

민 대리가 조심스럽게 "제가요."라고 답하자 팀장은 단단하게 못을 박았다.

"이 정도면 기본이 안 된 거야."

억울함과 당황이 동시에 치밀었다. 민 대리는 급히 설명했다.

"공유 폴더가 자꾸 끊기잖아요. 저만 쓴 것도 아니고요……."

그는 '설명'하려 했지만, 들리는 건 '변명'이었다. 그날 남은 건 실수보다도, 실수 직후에 튀어나온 말 한 줄이었다. 이후로 그의 자료는 늘 한 번 더 점검 대상이 됐다.

우리가 감정적으로 말하기 직전엔 아주 짧은 '틈'이 있다. 그때 해야 할 건 거창한 다짐이 아니라 숨 한 번이다. 속으로 '지금 화가 났네.', '당황했네.'처럼 감정에 이름을 붙이고, 다섯 번만 천천히 숨을 쉰다. 그 몇 초가 지나면 말은 덜 날카로워지고, 선택지가 보이기 시작한다.

그다음은 문장을 정리하면 된다. 변명으로 흐르기보다 인정+기한+방법으로 말한다.

"제가 확인을 놓쳤습니다. 15분 안에 수정해서 다시 공유하겠습니다.”

숫자와 기한은 불안을 줄이고, 태도는 신뢰를 지킨다. 결국 위기의 순간을 바꾸는 건 재능이 아니라 몇 초 멈추는 습관이다.

한마디로 정리하면, 그 잠깐의 멈춤도 우리의 '선택'이다. “너무 급해서 어쩔 수 없었어.”라고 말하지만, 급했기 때문에 오히려 그 틈을 지나쳐 버린 건 아닐까. 정색한 질문, 말줄임표만 찍힌 메신저, 갑작스러운 상황 앞에서 우리는 반사적으로 말하기보다 잠깐 멈추는 쪽을 고를 수 있다. 작은 침묵이 때로는 가장 큰 선택이 된다.

그 선택은 연습으로 더 쉬워진다. 하루에 한 번만 물어보자.
“지금 내 감정은 뭐지?”
“오늘 나를 흔든 건 뭐였지?”
감정을 숨기려 하기보다, 감정과 함께 숨을 쉬는 법을 익히는 것이다. (2장. 감정과 생각을 분리하는 3단계 방법 참고)

그리고 결정적 순간엔 10초면 충분하다. 숨을 고르고 감정에 이름을 붙인 뒤, 짧고 단단한 문장으로 말하면 된다.
“제가 놓쳤습니다. 15분 안에 복구하겠습니다.”
“죄송합니다. 다시 확인하겠습니다.”
실수는 반복돼도, 말은 매번 우리가 고를 수 있다. 바로 그 10초 안에서.

그 선택을 연습으로 넓혀가는 방법이 바로 다음의 다섯 가지 질문
이다.

- 5번 숨을 쉬었는가?

- 감정에 이름을 붙여보았는가?

- "제가 잘못했습니다." 하고 인정했는가?

- "○분 안에 ○○ 하겠습니다."라고 숫자로 약속했는가?

- "앞으로 ○○ 시스템을 만들겠습니다." 하고 방지를 제시했는가?

이 질문들이 위기를 기회로 만든다. 실수가 찾아올 때를 기다려보
자. 그때 당신은 다를 것이다. 10초의 숨, 30분의 용기, 그리고 한 문
장의 힘을 알고 있을 테니까.

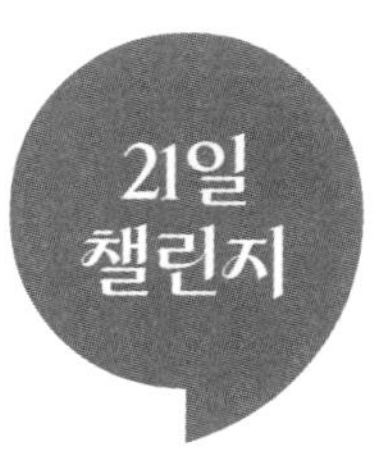

독성 말습관 디톡스 프로그램

사람들은 종종 말한다.

"그렇게 심한 말은 아니었는데, 왜 분위기가 싸해졌지?, 나는 그냥 사실을 말했을 뿐인데, 왜 다들 나를 피하지?"

김 대리도 그랬다. 회의에서 무심코 "아, 진짜…….", "바빠서 못 했어요", "그건 아니죠"를 자주 내뱉었다. 솔직하다고 믿었지만, 팀원들은 점점 그와의 협업을 피했고 평가는 늘 비슷했다.

"실력은 좋은데, 함께 일하기엔 좀……."

그는 문제의 핵심이 '내용'이 아니라 '말투'라는 걸 뒤늦게 깨달았다. 그래서 큰 결심 대신, '하루에 한 문장만 바꾸자.'라고 정했다. "아, 진짜……."는 3초 멈춤으로, "바빠서 못 했어요."는 "우선순위를 잘못 정했네요."로, "그건 아니죠."는 "다른 관점에서 보면……."으로 바꿔보는 식이었다. 처음엔 어색했지만, 반복할수록 말이 가벼워졌고 분위기도 달라졌다. 어느 날 동료가 말했다.

"요즘 김 대리님이랑 얘기하면 편해요, 이번 프로젝트 같이 하고 싶어요."

그 변화는 거창한 계획에서 시작된 게 아니었다. 하루에 단 한 문장, 익숙한 표현을 조금 다르게 써본 것뿐이었다. 그 작은 시도가 쌓여 21일의 기록이 되었고, 이제 그 방법을 당신에게도 건네고자 한다.

21일 디톡스 달력

일차	독성 표현	건강한 표현
1일	"아, 진짜……."	3초 멈춤 후 침묵한다.
2일	"바빠서 못 했어요"	"우선순위를 잘못 정했네요."
3일	"그건 아니죠."	"다른 관점에서 보면……."
4일	"당연히 그래야죠."	"그렇게 하면 좋겠네요."
5일	"어차피 안 될 거예요."	"어려울 수 있지만……."
6일	"시간이 없어서요."	"일정 조정을 해보겠습니다."
7일	"말이 안 되는데요?"	"혹시 제가 놓친 부분이 있나요?"
8일	"몇 번을 말해야……."	"다시 한번 말씀드릴게요."
9일	"제가 뭐랬어요."	"네, 맞습니다."
10일	"무조건 해야 해요."	"가능하다면……."
11일	"또 그러겠네요."	"이번엔 다를 수도 있죠."
12일	"이상하네요."	"특별한 방법이네요."
13일	"못 해요."	"배워서 해보겠습니다."
14일	"관심 없어요."	"지금은 다른 우선순위가 있어서요."
15일	"왜 나만……."	"이런 상황이네요."

일차	독성 표현	건강한 표현
16일	"답답해 죽겠네."	"조금 더 기다려보겠습니다."
17일	"잘하시네요." (비꼬며)	"수고하셨습니다."
18일	"저는 못 해요."	"배우는 중입니다."
19일	"당연한 거 아니에요?"	"고생하셨습니다."
20일	"제 잘못이 아닌데요."	"어떻게 해결할까요?"
21일	"별로예요."	"조금 아쉬운 부분이 있네요."

나만의 디톡스 추가하기

	독성 표현	건강한 표현	
☐			☐
☐			☐
☐			☐
☐			☐
☐			☐
☐			☐
☐			☐
☐			☐

완주 체크

1일 완주 (___ / 21 성공)

나만의 표현 3개 추가

주변 반응 변화 체감

21일 후 나의 변화

21일 동안 매일 다른 문장을 연습한다고 해서 한 번에 습관이 되는 건 아니다. [21일 디톡스 달력]은 '실습 코스'에 가깝다. 다양한 문장을 바꿔보며 '독성 표현을 건강한 표현으로 전환하는 방식'을 몸에 익히는 과정이다. 그리고 그중 자신에게 꼭 필요한 몇 가지를 반복해 쓰면서 습관으로 굳혀가는 것이 핵심이다.

오늘, 당신이 먼저 바꿔볼 단 한 마디는 무엇인가? 그리고 그 한마디가 당신의 내일을 얼마나 다르게 만들지, 직접 확인해 보지 않겠는가?

5장

Upgrade

디지털 시대, 소통의 룰이
완전히 바뀌었다

왜 카톡 한 줄이
관계를 망칠까

"왜 말을 이렇게 하지? 내가 뭘 잘못했나?"

서울 강남구 한 IT 회사 28층, 김 과장은 스마트폰 화면을 뚫어져라 바라보고 있었다. 방금 받은 후배의 답장이 마음에 걸렸다.

"네 알겠습니다."

다섯 글자. 평소보다 유독 간결한 답변이었다. 혹시 어제 야근 부탁이 부담스러웠나. 아니면 내가 모르는 사이 뭔가 기분 상하는 일이 있었나. 불과 5글자가 김 과장의 오후를 온통 불안하게 만들어버렸다.

요즘 대화는 얼굴보다 말풍선이 먼저 도착한다. 업무 지시는 슬랙으로, 칭찬은 이모지로, 사과는 짧은 문장으로 끝난다. 속도는 빨라졌지만, 표정과 목소리가 사라진 자리엔 '추측'이 들어온다. 단어 하나에 맥락을 덧씌우고, 말투 하나에 기분을 읽느라 우리는 새로운 피로를 얻는다.

더 큰 문제는 그 '추측'이 쌓여도, 우리는 소통했다고 착각한 채 넘어간다는 점이다. 실제로는 소통하지 않았는데도 소통한 줄 아는 오해가 늘었다. 특히 텍스트 중심 환경에서는 작은 표현 차이가 곧바로 갈등으로 번지기 쉽다. 얼굴을 마주했다면 웃고 넘길 일이, 텍스트가 되는 순간 상상이 앞서고 오해가 자란다.

그래서 지금 필요한 건 잘 말하는 기술만이 아니다. 잘 읽는 힘, 즉 글자 뒤의 감정과 의도를 과장 없이 해석하는 능력이다. 짧은 메시지 하나가 관계를 잇기도, 끊기도 하는 시대에 우리는 지금 그 한복판에 서 있다.

문자 메시지가
오해를 부르는 3가지 이유

2023년 11월, 미국 와이오밍주의 온라인 악기 시장 스타트업 'The Musicians Club'에서 충격적인 일이 벌어졌다. CEO 볼드빈

옷슨(Baldvin Oddson)이 슬랙 메시지 하나로 110명 중 99명의 직원을 동시에 해고한 것이다. 문제는 일부 직원들이 미팅 일정 자체를 제대로 전달받지 못했거나 시차·개인 사정으로 참석이 어려웠다는 점이다. 그러나 메시지는 이런 맥락을 지우고, 불참=해고로 단정했다. 이후 해당 메시지가 캡처되어 온라인에 퍼지면서 논란은 더 커졌다.

이 사건은 디지털 메시지의 세 가지 치명적 특성을 보여준다. 첫째, 텍스트는 표정·목소리·상황 같은 배경을 걷어내고 '문장'만 남긴다. 그래서 같은 말도 더 차갑게, 더 공격적으로 읽히기 쉽다. 둘째, 되묻고 조정할 시간 없이 결론이 앞당겨진다. 해명이나 소명의 여지가 사라지는 순간, 오해는 곧바로 결정으로 바뀐다. 셋째, 한 번 남은 말은 스크린샷으로 쉽게 고정되고 예상보다 멀리 확산된다. 말이 '지나가는 것'이 아니라 '남아버리는 것'이 된다.

몰론 이건 극단적 사례지만, 작은 메시지 하나에도 우리는 매일 비슷한 불안을 경험한다.

그렇다면, 텍스트 메시지를 이렇게 위험하게 만드는 핵심은 무엇일까?

첫 번째는 '맥락의 완전한 소거'다.

Musicians Club 사건에서도 CEO는 직원들의 개별 상황을 전혀 고려하지 않았다. 시차, 개인 사정, 일정 전달 오류 등의 배경은 무시된 채 "불참=해고"라는 단순한 공식만 적용되었다. 바로 이 지점에서 디지털 소통의 첫 번째 위험이 드러난다.

네이버 마케팅팀 이 사원의 경험이 그 증거다. 어느 금요일 오후 6시, 팀장에게서 "내일 아침 일찍 와주세요."라는 문자를 받았다. 그 한 줄로 저녁 내내 머릿속이 어지러워졌다.

'무슨 문제지? 내가 실수했나?'

토요일 아침, 긴장한 채 출근한 그는 전혀 다른 이유를 알게 됐다. 갑작스레 방문하는 일본 클라이언트 미팅 준비가 필요했고, 자신의 일본어 실력을 믿고 도움을 요청한 것이었다. 대면이었다면 "클라이언트가 와서 준비가 급해요. 일본어 잘하시니 부탁드려요." 같은 설명이 자연스럽게 따라붙었을 상황이다.

물론 메시지로도 충분히 설명할 수 있다. 하지만 텍스트에서는 효율이 우선이 된다. 급하면 핵심만 던지고 끝내기 쉽고, 상대의 표정을 보고 "설명이 더 필요하겠다."라고 즉시 조정하는 피드백도 어렵다. 발신자는 전송 버튼을 누른 뒤 다음 일로 넘어가고, 받는 사람은 혼자 추측의 늪에 빠진다. 그래서 이 사원은 "맥락 없는 메시지가 제

일 무섭다."라고 말했다.

같은 말도 맥락에 따라 온도가 달라진다. "수고하셨습니다.", "알겠습니다.", "괜찮습니다." 같은 정중한 표현조차 관계와 타이밍에 따라 따뜻한 감사가 되기도, 차가운 거리 두기가 되기도 한다. 텍스트는 그 차이를 설명해 줄 '배경'을 쉽게 지워버린다.

두 번째는 '즉시성의 독재'다.

카카오톡에 '읽음' 표시가 도입된 2012년 이후, 작은 숫자 '1'은 종종 압박이 됐다. 읽었으면 바로 답해야 한다는 기대, 이른바 '읽씹'에 대한 불안이 소통을 서둘러 버린다. 신중히 생각할 여유는 줄고, "ㅇㅋ", "넵", "알겠습니다" 같은 짧은 말로 '읽었다.'라는 신호만 보내기 쉬워진다. 속도는 남지만, 대화의 깊이는 사라진다. 독일의 사회학자 하르트무트 로자가 말한 '사회적 가속화'처럼, 빨라질수록 관계는 얕아지는 역설이 벌어진다.

한 통신회사의 정 대리는 퇴근길 지하철에서 부장의 "프로젝트 진행 상황 어때요?"라는 메시지를 받았다. 사람들 사이에 끼여 급히 "진행 중입니다."라고 답했다. 빨리 답하는 게 예의라고 생각했기 때문이다. 그러나 다음 날 회의에서 부장은 "형식적으로 답한 것 같다."라고 말했다. 정 대리는 그제야 깨달았다. 조금 뒤에라도 노트북을 켜고 정리해 답했으면 오해가 없었을 일을, '바로 답해야 한다.'라는 압박이 짧은 문장으로 밀어붙인 것이다.

그 이후 대화는 미묘하게 까다로워졌다. 부장은 더 자주 재확인을 했고, 정 대리는 괜히 설명을 길게 붙이게 됐다. 불신이 폭발한 건 아니지만, 불필요한 긴장감이 생겼다. 메신저 문화가 '빠른 답' 자체를 기대하게 만들면서, 짧은 답장은 신속함보다 무성의로 읽히기 쉬워졌다. 속도가 질을 압도하는 순간, 오해는 자연스럽게 자란다. 이것이 직장인들이 매일 겪는 '즉시성의 독재'다.

세 번째는 '감정의 박제 효과'다.

이건 아날로그 시대에는 존재하지 않았던 완전히 새로운 현상이다. 스마트폰에 저장된 메시지는 시간이 지나도 처음 받았을 때의 감정을 그대로 재생한다. 2주 전에 받은 차가운 메시지도 다시 읽으면 2주 전의 서운함이 고스란히 되살아난다. 반면 대면 대화는 시간이 지나면서 자연스럽게 희석된다. 기억은 흐릿해지고, 감정도 부드러워진다. 하지만 텍스트는 다르다. 스크린샷으로 박제된 대화는 영원히 그 순간의 날카로움을 유지한다.

한 대기업 계열사 최 과장은 이걸 뼈저리게 겪었다. 야근으로 지친 밤, 후배의 질문에 "내일 얘기해요."라고 답했다. 최 과장에게는

'늦었으니 쉬고 내일 자세히 말하자.'라는 배려였지만, 후배에게는 '귀찮아하는 선배'로 읽혔다. 몇 달 뒤 인사 평가에서 "소통이 어려운 상사"라는 피드백을 받았을 때, 최 과장은 그 한 줄이 남긴 흔적을 뒤늦게 알아차렸다. 텍스트는 의도를 담아내지 못한 채, 받은 사람이 느낀 감정만 오래 남긴다.

이 효과는 특히 부정적인 감정에서 더 강하게 나타난다. 좋은 감정은 금방 휘발되는데, 서운함과 상처는 메시지와 함께 '보관'되기 쉽다. 그래서 연결을 위해 만든 기술이, 역설적으로 관계를 더 불편하게 만들기도 한다. 실제로 우리는 더 자주 연결되어 있으면서도, 더 쉽게 오해하고 더 오래 서운해한다. 메시지는 늘었지만 진짜 소통은 줄어든, '연결된 고립'의 시대다.

소통 기술이 발전할수록 대화는 오히려 더 어려워졌다. 연결은 늘었지만 이해는 줄고, 속도는 빨라졌지만 깊이는 얕아졌다. 감정은 말보다 글에서 더 자주 드러난다. 문장 구조, 부호 하나, 메시지가 도착하는 시간과 맥락까지가 감정의 신호가 된다. 같은 "잠깐 얘기해요."라는 말도 회의 직전이면 업무 요청처럼 보이지만, 늦은 오후엔 불안으로 읽힌다. "고생하셨어요."라는 말도 마침표 하나에 딱딱해지고, 이모티콘 하나에 부드러워진다. 단어보다 '표현의 결'이 더 중요해진 시대다.

문자 메시지는 빠르고 효율적이지만, 그 안에는 맥락을 지워버리는 힘, 즉시성을 강요하는 압박, 그리고 감정을 박제해버리는 차가움이 숨어 있다. 그래서 짧은 문장이 관계를 흔들고, 부호 하나가 마음을 바꾼다. 더 많이 연결될수록 더 멀어지는 역설 속에서 중요한 건 메시지의 속도가 아니라, 상대 마음을 헤아리는 잠깐의 배려다. 결국 소통을 지키는 힘은 기술이 아니라 사람에게 있다.

이런 현실은 직장에서 더 선명하다. 한 카드 회사 마케팅팀 정 주임은 선배에게 "메시지가 지시처럼 느껴진다."라는 피드백을 들었다. 그는 정중하게 썼다고 생각했지만, 상대의 해석은 달랐다. 이후 그는 메시지 하나를 보내는 데도 여러 번 지우고 고쳐 쓴다. 의도보다 해석이 앞서는 시대, 효율보다 감정을 세심하게 다루는 일이 더 중요한 과제가 되었다.

디지털 시대의
새로운 소통 예절

대면 소통에서는 말의 내용만으로 모든 감정이 전달되지 않는다. 목소리 톤, 표정, 몸짓 같은 비언어 신호가 대화의 온도를 만든다. 하지만 메시지는 글자만 남긴다. 그래서 우리는 남은 부분을 상상으로 채우고, 그 상상이 종종 오해로 이어진다.

조 팀장은 "내일 10시 회의 자료 챙겨주세요."라고 짧고 명료하게 서 주임에게 메시지를 보냈다. 몇 초 뒤, 도착한 응답은 단 한 줄. "네." 너무 짧고 간단한 답이었다. 조 팀장은 '왜 이렇게 퉁명하지?'라고 느꼈고, 서 주임은 '또 눈치 주는 건가?'라고 받아들였다.

같은 내용이라도 복도에서 마주쳤다면 어땠을까.
"자료 만드느라 고생했어요. 내일 10시에 꼭 부탁해요."
한 문장만 더해져도 지시는 배려로 읽힌다. 디지털 커뮤니케이션이 놓치는 건 바로 이 온도다. 텍스트는 정확할 수는 있어도, 저절로 따뜻해지진 않는다.

그래서 필요한 건 '새로운 소통 문법'이다. 대면의 규칙만 들고 메시지 세계로 들어오면 관계가 쉽게 삐긋한다. 핵심은 거창하지 않다. 짧게 쓰되, 배경과 온도를 의도적으로 넣는 것이다.

국내 직장인의 다수가 "메시지에서 감정을 표현하는 게 어렵다."라고 말한다. 김 대리도 후배와의 작은 오해를 겪으며 그 말을 실감했다.
"이 자료, 오늘 중으로 정리해서 요약해 주세요."

평소처럼 보낸 부탁에 돌아온 답장은 "네, 알겠습니다……."였다. 말줄임표가 붙는 순간, 김 대리는 묘하게 불편해졌다. 복도에서 조심스럽게 묻자 후배는 당황하며 말했다.

"별 의미 없었어요. 요즘은 뭘 써도 오해받을까 봐 메시지가 너무 어려워요."

그날 김 대리는 깨달았다. 디지털 소통은 대면과 같은 마음가짐으로는 통하지 않는다. 그래서 그는 몇 가지 변화를 시도했다.

먼저 "자료 정리해 주세요." 대신 "클라이언트 미팅 때문에 자료가 필요해요. 오늘 중으로 가능할까요?"라고 이유를 붙이고 부탁하는 톤으로 바꾸었다. 감정을 덧붙이는 것도 잊지 않았다. "확인해 주세요."를 "확인해 주시면 감사하겠습니다."로, "회의 시간 변경됩니다."를 "회의 시간이 바뀌었어요. 괜찮으실까요?"로 바꿨다.

그러자 답장도 달라졌다.
"오전 일정 마무리하고 오후에 집중해서 정리해 드릴게요."
상대의 마음을 먼저 헤아리니, 상대도 상황을 함께 풀어주기 시작했다.

이름과 인사도 효과가 컸다. "공유드립니다."보다 "민지님, 준호님께 공유드려요."가 더 따뜻했고, "좋은 아침이에요.", "오늘도 고생하셨어요." 같은 짧은 인사는 메시지의 마찰을 줄였다. 화상회의에서는 반응을 더 분명히 보여줬다. 고개를 크게 끄덕이고 "네, 맞습니다." 같은 음성 피드백을 자주 넣는 식이었다.

몇 달 뒤 팀 분위기가 달라졌다. 메시지는 짧아도 차갑지 않았고, 오해는 줄었다. 결국 디지털 소통에서 중요한 건 '말을 잘 쓰는 기술'보다 상대가 어떻게 읽을지를 한 번 더 생각하는 배려였다.

카카오 브런치 작가 김영하의 말처럼 메신저 시대의 예의는 간결함이 아니라 친절함이다. 정확히는 '친절해 보이는 간결함'이다. 글자는 줄이되 감정은 비워두지 않는 것, 즉 디지털 소통의 본질은 '의도적 감정 설계'다. 얼굴이 보이지 않는 대화에서 감정을 대신하는 건 글이다. 이모지 하나, 이름 한 줄, 말끝의 미소가 마음의 증거가 된다. 말은 스쳐 지나 가지만 글은 오래 남는다.

디지털 시대의 예절은 거창한 게 아니다. 짧은 한 줄에 배려를 담는 것, 그것이 곧 사람을 이어주는 가장 품격 있는 연결이다.

SNS에서도 품격 있게
소통하는 사람들의 비밀

예전엔 퇴근 후 연락이 오면 "왜 문자까지 보내?"라는 반응이 자연스러웠다. 일과 일상, 공적과 사적의 경계가 비교적 또렷했기 때문이다. 하지만 지금은 다르다. 퇴근 후 팀장의 인스타그램 스토리에 '좋아요'를 누르고, 동료 게시물에 댓글을 다는 일도 일상의 소통이 됐다. 카카오톡은 부담스럽고, 이메일은 느리며, 전화는 오히려 무겁다. 사람들은 말보다 피드로 마음을 건넨다.

SNS는 더 이상 홍보 채널만이 아니다. 관계가 오가는 소통 창구가 된 만큼, 결국 남는 건 말투다. 표정도 억양도 없는 공간에서, 인상을 만드는 건 문장 자체보다 문장의 결이다. 같은 문장이지만, 어떤 말투는 사람을 멈추게 하고, 어떤 말투는 스쳐 지나가게 만든다. 유독 다정하게 느껴지는 글이 있다면, 그 차이는 단어가 아니라 말투에서 나온다.

온라인 인플루언서들의
소통 전략 분석

회사 16층 마케팅실. 아침 회의가 끝난 뒤, 입사 4개월 차 민 사원은 노트북을 조심히 열었다. 사내 인스타그램 담당자로 처음 콘텐츠를 올리는 날이었다.

"딱히 성과도 없고 반응도 없어서……. 민 사원 감각으로 한번 해 보죠."

지난주 회의에서 구 팀장이 던진 말이 아직도 귓가에 남아 있었다.

그간의 피드는 딱딱했다.

"월요일입니다. 업무 시작합니다.", "금일 회의, 오후 3시.", "신제품 출시."

평균 좋아요는 14개, 그마저도 의리성 반응이 대부분이었다.

민 사원의 첫 피드는 달랐다. 라떼 거품이 올라간 머그컵, 창밖의 벚꽃, "MONDAY" 손글씨 레터보드. 그리고 문장은 이렇게 썼다.

"따뜻한 커피 한 잔과 함께, 우리 월요일을 기분 좋게 열어볼까요? 지친 분들은 댓글에 이모지 하나씩 던지고 가요!"

업로드 직후 알림이 쏟아졌다. 좋아요 154개, 댓글 47개. 대표 계정에서도 '좋아요'가 찍혔다.

"똑같은 월요일 아침인데, 분위기가 다르긴 하네."

구 팀장의 말에 민 사원은 웃으며 답했다.

"사람들이 같이 이야기할 수 있는 틈을 만들어주는 게 중요한 것 같아요. 그냥 보여주는 게 아니라, 말 걸듯이오."

며칠 뒤 구 팀장도 메시지를 바꿨다. 무심코 "첨부합니다."라고 쓰려다 멈추고, 이렇게 적었다.

"오늘 회의 때 바로 참고하실 수 있도록 요약본을 맨 앞에 넣어뒀습니다. 추가로 보고 싶은 내용 있으면 편하게 말씀 주세요."

끝에 스마일 표정을 함께 덧붙였다. 채널에는 '눈웃음' 반응이 달렸고, 회의 준비도 한결 부드러워졌다.

흥미로운 건, 민 사원이 무의식적으로 쓴 이 말투가 성공한 인플루언서들이 의도적으로 쓰는 방식과 닮아있다는 점이다. "우리 월요일을 열어볼까요?" 같은 포용적 표현은 참여를 끌어내고, 같은 메시지도 더 따뜻하게 도착한다. 결국 진정성만큼 중요한 건, 그 진정성이 전달되는 방식이다.

실제로 성공한 인플루언서들의 글에는 공통점이 있다. 정보를 일방적으로 '던지지' 않고, 독자가 함께 들어오도록 초대한다. 질문을 던지고, 고민을 공유하며, 완벽한 전달자가 아니라 동행하는 사람의 말투를 쓴다. 그래서 팔로워는 그들을 '광고하는 사람'이 아니라 '대화하는 친구'로 받아들이고, 반응은 자연스럽게 따라온다.

디지털 커뮤니케이션 연구에서 반복해 지적하는 건, 호감을 주는 언어에는 일정한 패턴이 있다는 점이다.

첫째는 '우리' 화법이다.

"새로운 프로젝트를 시작하겠습니다."보다 "우리 함께 새로운 도전을 시작해 볼까요?"가 사람을 더 끌어당긴다. 로버트 치알디니는 사람들이 자신이 한 팀의 일원이라고 느낄 때 더 쉽게 동조한다고 말한다. '우리'라는 단어 하나가 독자를 구경꾼에서 참여자로 바꾼다.

둘째는 제안형 문장이다.

"이렇게 하세요."가 아니라 "이렇게 해보시는 건 어때요?"처럼 말하면, 지시는 대화가 된다. SNS에서는 이런 질문형 표현이 일방적 전달을 쌍방향 소통으로 전환시키는 핵심 장치다.

셋째는 질문으로 여는 방식이다.

"오늘 점심은 파스타였습니다."보다 "파스타 먹었는데, 여러분은 뭐 드셨어요?"가 반응을 만든다. 사실을 보고하는 순간 대화는 멈추지만, 질문을 던지는 순간 대화가 시작된다.

넷째는 감정 서사를 한 줄 얹는 것이다.

"계약이 성사됐어요."보다 "한 달 동안 준비한 일이 드디어 성사됐어요."처럼 과정을 담으면 정보에 온도가 생긴다. 스티브 잡스가 제품을 소개할 때 단순 설명을 넘어서 서사를 붙였던 것도 같은 원리다. 정보에 이야기를 입히는 순간, 그것은 전달이 아니라 연결이 된다.

결국 성공한 인플루언서들의 비밀은 화려한 문장이 아니었다. '당신을 염두해 두고 있어요.'라는 조용한 신호였다. 오프라인에서 표정과 억양이 호감을 만들듯, 온라인에서는 이모지 하나, 문장 끝의 부드러운 어미, 적당한 여백이 표정이 된다. 그래서 말투는 곧 브랜드가 된다. 같은 정보라도 어떤 말투로 전하느냐에 따라 반응은 달라지고, 그 힘은 댓글 한 줄에도 그대로 작동한다. 지금 당신은 팔로워에게 어떤 신호를 보내고 있는가?

댓글 하나로
호감도가 달라지는 이유

우리는 댓글의 파괴력을 알고 있다. 악플 때문에 댓글창을 닫거나 SNS를 떠나는 사람들도 있고, 그 영향이 심각한 문제로 번지기도 한다. 그런데도 댓글은 여전히 현대인들에게 가장 중요한 소통 창구이다. 우리는 댓글로 의견을 나누고, 위로를 주고받으며, 관계를 만든다. 같은 공간에서 누군가에겐 독이 되고, 누군가에겐 약이 된다.

그렇다면 왜 같은 댓글인데 어떤 건 상처가 되고, 어떤 건 위로가 될까? 차이는 진심과 구체성이다. "좋은 글이네요."보다 "이 관점은 처음이라 도움이 됐어요."가 더 따뜻하게 닿는다. 짧은 칭찬이라도 '어떤 부분이' 좋았는지, '왜' 좋았는지가 담기면 상대는 '내 이야기를 제대로 읽었구나.' 라고 느낀다.

호감을 부르는 댓글에는 공통된 결이 있다. 공감, 구체적인 반응,

개인 경험의 한 조각이다. "힘내세요."보다 "저도 비슷할 때가 있었는데, 결국 지나가더라고요."가 더 힘이 된다. "맞아요."보다 "특히 두 번째 내용이 공감돼요. 저도 그 부분에서 자주 막혔거든요."가 더 진짜처럼 들린다. 결국 댓글은 정보가 아니라 신호다. "당신을 대충 본 게 아니라, 한 사람으로 보고 있어요."라는 신호.

중요한 건 긴 댓글이 아니다. 핵심은 진정성이다. 억지 칭찬은 금방 가식으로 읽힌다. 좋은 댓글은 상대를 '칭찬하는 것'이 아니라 제대로 봐주는 것이다. 예쁘다, 좋다로 끝내기보다 "어떤 부분이 좋았는지"를 한 줄만 더 붙이면, 그 말은 바로 진심이 된다.

방법은 단순하다. 댓글을 쓰기 전 스스로에게 한 번 묻는 것이다. "내가 이 글을 썼다면, 어떤 댓글이 가장 기쁠까?"

몇 글자 더 쓰는 수고, 상대를 생각하는 마음, 그리고 내 경험을 아주 조금 보태는 용기. 이 작은 차이가 호감도를 만든다.

댓글은 글의 부속물이 아니다. 누군가의 하루를 바꾸고, 온라인 공간의 온도를 올리는 작은 행동이다. 보내기 전에 단 몇 초만 더 생각해 보자. 그 한 줄이 누군가의 하루를 어떻게 바꿀 수 있을지. 그 순간, 당신의 댓글은 세상을 바꾸는 첫걸음이 된다.

세대별 SNS 소통 코드
완전 해부

재미있는 사실이 있다. 같은 회사, 같은 인스타그램인데도 세대별 반응은 전혀 다르다. 커피 사진 하나에도 20대는 "완전 갓생…… 부러워요!"처럼 감정을 터뜨리고, 40대는 "감성 좋네요. 커피 브랜드가 어디예요?"처럼 정보와 예의를 섞는다. 50대는 "예쁘게 찍으셨네요. 감각이 좋으십니다."처럼 칭찬과 안부의 결이 강하다. 같은 사진, 같은 호의인데 표현 방식이 이렇게나 다르다.

그러나 이건 이상한 일이 아니다. 자라온 시대도, 익숙한 소통 도구도, 경험해 온 분위기도 다르기 때문이다. 이 차이를 모르고 소통하면 오해가 생긴다. MZ가 "대박이에요!"라고 달면 윗세대는 가볍다고 느끼고, 베이비붐이 "수고 많으셨습니다."라고 남기면 젊은 세대는 딱딱하다고 읽는다. 즉, SNS 언어는 단순한 말투가 아니라 세대의 정체성과 가치관이 드러나는 코드다.

MZ세대는 '감정 증폭'에 능하다. "맛있었어요."로 끝내지 않고 "이렇게 맛있어도 되나요, 진짜 울어요…… 행복해서 죽을 것 같아요."라며 과장과 감탄을 얹는다. "진짜/완전"과 같은 강조어, "갓생(신처럼 바른 생활)", "스불재(스스로 불러온 재앙)", "GOAT(Greatest Of All

Time)" 같은 단어나 이모지와 말줄임표까지 동원해 분위기를 만든다. 핵심은 빠르고 재미있게, 감정을 함께 즐기는 것이다.

X세대는 '정중함+정보'의 균형을 중시한다. 인사로 시작해 목적을 분명히 말하고, 필요하면 개인 의견을 덧붙인다. 감정을 과하게 드러내기보다 상대가 이해하기 쉬운 구조를 택한다. 깔끔하지만 차가운 게 아니라, 정리된 친절에 가깝다.

베이비붐 세대에게 SNS는 '안부의 공간'이다. 만남과 근황, 감사와 건강이 자연스럽게 따라온다. 반응도 "보기 좋네요.", "건강하세요."처럼 따뜻한 덕담형이 많다. 핵심은 정보나 유행보다 관계의 온기와 안녕을 확인하는 것이다.

결국 세대별 언어는 다르지만 목적은 같다. "좋다."를 표현하는 방식만 다를 뿐이다. 이 차이를 알면, 같은 댓글도 덜 오해되고 더 잘 연결된다.

세 세대가 한 회사 단톡방에서 만나면 어떤 장면이 펼쳐질까. 실제로 어느 중소기업의 단톡방에서 벌어진 일화가 이를 완벽하게 보여준다. 신제품 개발 프로젝트가 드디어 끝난 날, 단톡방에서의 일이다.

먼저 27세 김 대리의 메시지였다.

"드디어 끝났어요!! 다들 진짜 고생 많으셨어요ㅠㅠ 완전 고된 여정이었지만 결과 레전드로 나온 것 같아요. 조만간 축배 들어야죠."라며 폭죽 이모티콘을 날렸다.

5분 후 45세 박 팀장은 "모두 수고하셨습니다. 결과가 만족스럽다니 다행입니다. 내일 오전에 최종 보고서 검토 후 상부에 보고하겠습니다."라고 답했다.

그리고 잠시 후, 베이비붐 세대인 59세 최 이사는 "모두 정말 고생 많았습니다. 특히 젊은 분들의 열정과 아이디어 덕분에 좋은 결과가 나온 것 같아 감사합니다. 다들 건강 챙기면서 다음 일도 잘 부탁드립니다."라며 마무리를 지었다.

같은 성과, 같은 기쁨, 같은 고마움인데 표현 방식이 이렇게나 다르다. 김 대리는 감정이 폭발할 듯 기쁨을 쏟아내고, 박 팀장은 차근차근 다음 단계를 챙기며, 최 이사는 구성원들에 대한 배려와 감사를 빠뜨리지 않는다. 누구 하나 틀린 건 없다. 그저 각자의 언어로 마음을 전하고 있을 뿐이다.

하지만 더욱 흥미로운 건 각자의 속마음이었다. 김 대리는 속으로 '박 팀장님은 축하도 없이 바로 업무 얘기네, 좀 딱딱하신 듯'이라고 생각했고, 박 팀장은 '김 대리는 너무 들뜬 것 같은데 프로페셔널하지 못한 건 아닐까.' 싶었다. 최 이사는 '요즘 젊은 친구들 표현이 참 재미있구나.' 하며 웃었다. 같은 메시지를 보고도 받아들이는 온도가 제각각이다.

이제 소비자와 브랜드가 만나는 SNS 이벤트 속에서 세대별 언어 차이를 살펴보자. 한 브랜드가 "제품과 함께한 일상을 올려주세요!"라는 요청을 올렸다. MZ세대는 해시태그와 과장된 감탄으로 분위기를 만들고, X세대는 사용 후기를 구체적으로 정리하며 예의를 갖춘다. 베이비붐 세대는 "가족에게도 소개하고 싶다."와 같은 안부와 배려의 결로 반응한다. 같은 참여라도 말투의 방향이 다르다.

그래서 현명한 브랜드는 이 차이를 한 문장 안에 섞어 쓴다. 친근한 말투와 이모티콘으로 거리감을 줄이고, 실용적인 혜택을 한 줄로 제시하며, 끝에는 정중한 감사로 마무리한다. 예를 들어, "오늘도 맛있는 하루 보내고 계신가요^^? 새로운 맛집, 저희와 함께 찾아봐요! 혹시 숨은 맛집 있으면 댓글로 알려주세요. 감사합니다."와 같은 문구이다. 겉보기엔 평범한 홍보 문구 같아도, 그 안에는 세대별로 자연스럽게 읽히는 '균형'이 설계되어 있다.

세대별 차이를 한눈에 다시 정리해 보면 그 특성이 더 명확해진다.

구분	MZ세대 (20~30대)	X세대 (40대)	베이비붐 세대 (50~60대)
주요 톤 & 문법	감정 과장, 유머, 위트	정중함 + 정보 중심	감사, 건강, 안부 중심
대표 표현 방식	"완전 레전드ㅠㅠㅋㅋ", "후회 각 예약 완료"	"다들 수고 많으셨습니다. 혹시 추천 부탁드립니다."	"오랜만에 만나 감사했습니다. 모두 건강하세요."
자주 쓰는 키워드/신조어	레알, 지린다, 갓생, 스불재, GOAT	기사·리뷰 공유, '의견 부탁드립니다.'	건강, 감사, 가족
SNS 사용 목적	재미·공감, 관계 맺기	정보 교류, 네트워킹	안부 확인, 가족·지인과 교류
브랜드 소통 포인트	캐주얼·감성, 짧고 강렬한 메시지	실용 정보, 예의 있는 요청	따뜻한 인사, 감사·배려 강조

세대별 언어 차이를 이해했다면, 다음 질문은 하나다. 그럼 우리는 어떻게 말해야 할까? 답은 단순하다. 상대의 언어로 한 발짝 다가가는 것이다.

예를 들어, MZ세대가 윗세대와 소통할 때는 표현만 조금 다듬으면 된다. "완전 대박이에요!"를 "정말 인상적입니다."로, "지린다."를

"훌륭합니다."로 누구나 편안한 말로 바꾸는 것이다. 반대로 X세대는 "검토 부탁드립니다."를 "한번 봐주실 수 있나요?"로 톤을 부드럽게 바꾸고, 베이비붐 세대는 "건강하시길 바랍니다."에 "힘내세요!"를 추가하거나 이모티콘 하나를 얹어 온도를 올리는 정도면 충분하다.

이 모든 것을 관통하는 세대별 SNS 소통 코드의 핵심은 결국 상대방이 어떤 방식으로 사랑받고 싶어 하는지를 이해하는 것이다. MZ세대는 공감과 재미로, X세대는 존중과 정보로, 베이비붐 세대는 관심과 배려로 사랑받고 싶어 한다. SNS라는 작은 창 안에서도 이렇게 다양한 언어가 존재한다.

때로는 오해가 생기고, 때로는 웃음이 터지고, 때로는 따뜻한 감동이 전해진다. 중요한 건 '다름'을 '틀림'으로 보지 않는 것이다. 다음에 다른 세대의 댓글을 보게 된다면, 그 말 뒤에 숨은 마음을 한번 더 상상해보자. "이모티콘 하나 더 붙여볼까?", "조금 더 따뜻하게 표현해볼까?" 하는 작은 시도가 세대 간의 간격을 줄여준다.

결국 소통은 기술이 아니라 배려다.

메타버스 시대를 준비하는
소통 업그레이드

"엄마, 오늘 로블록스에서 친구들이랑 학교 만들었어!"

"어머, 그래? 누구랑 같이?"

"우리 반 친구들하고, 그리고 미국에 사는 엠마도 있어. 영어로 이야기했는데 번역 나와서 다 알아들었어."

9살 조카의 이런 대화를 듣고 있자니, 우리가 살고 있는 세상이 얼마나 달라졌는지 실감하게 된다. 로블록스는 게임을 넘어 '함께 시간을 보내는 공간'이다. 교실에서 대화하든, 아바타로 메타버스에 접속해 이야기하든 본질적으로 다르지 않다. 중요한 건 '친구와 함께하는 시간'일 뿐이다.

하지만 어른들의 세상은 다소 다르다. 처음 줌 회의 카메라 앞에 앉았을 때의 어색함, '메타버스가 도대체 뭐야?'라는 질문은 여전히 낯설지 않다. 하지만 디지털 소통의 무대는 더 이상 미래가 아니다. 특정 세대의 유행도 아니다. 이제는 우리도 새로운 공간에서 자연스럽게 관계를 맺고 일하는 법을 배워야 한다.

그리고 핵심은 기술이 아니다. 메타버스든, 줌이든, AI 번역이든, 무대만 바뀌었을 뿐 결국 사람과 사람이 마음을 주고받는 일은 같다. 진심이 있어야 새로운 공간도 따뜻한 관계의 장이 된다. 이제 이 무대에서 어떤 일이 벌어지고 있는지, 우리는 어떤 태도로 소통을 업그레이드해야 하는지 함께 살펴보자.

가상현실에서의
소통 예절과 기술

IT 회사에 다니는 이 사원은 워크숍에서 처음 VR 회의를 경험했다. 평소 말 없던 김 과장이 화려한 아바타로 적극적으로 의견을 내고, 늘 주도하던 박 부장은 오히려 조용히 듣는 모습을 보며 놀랐다. 가상공간에서는 아바타가 사람의 태도를 바꾸기도 한다. 스탠퍼드 연구진은 이를 '프로테우스 효과'로 설명한다. 아바타의 모습이 사람의 행동과 자신감에 영향을 준다는 것이다.

하지만 VR이 자유롭다고 해서 경계가 사라지는 건 아니다. 얼굴이 보이지 않으니 더 편하게 말해도 된다고 착각하면, 현실보다 쉽게 무례해질 수 있다. 아바타 뒤에도 사람이 있고 감정이 있다는 사실은 변하지 않는다.

이 사원이 특히 강하게 느낀 건 거리감이었다. 회의 중 동료 아바타가 코앞까지 다가오자, 실제로는 화면인데도 숨이 막히는 느낌이 들었다. VR에서는 개인 공간이 더 예민하게 작동한다. 그래서 팀은 '너무 가까이 다가가지 않기' 같은 기본 규칙을 정했다. 손짓도 마찬가지였다. 현실에선 자연스러운 제스처가 VR에선 과장되어 보이며 상대의 시야를 가릴 수 있었다.

결국 팀은 VR 회의 매뉴얼을 만들었다. 적당한 거리 유지, 제스처 절제, 시선 오래 고정하지 않기, 나가기 전 인사하기 같은 원칙들이다. 이런 룰이 생기자 회의는 오히려 더 집중이 잘 됐다. 가상공간에서도 관계를 지키는 건 기술이 아니라 배려였기 때문이다.

우리가 기억해야 할 것은 가상 세계라고 해서 무엇이든 할 수 있는 공간이 아니라는 점이다. 오히려 보이지 않는 공간이기 때문에 더욱 세심한 배려가 필요하다. 아바타 뒤에는 여전히 사람이 있고, 그곳에서의 경험은 결국 진짜 경험이 되며, 관계와 감정도 현실만큼 소중하다.

결국 메타버스의 무대도 사람 사는 세상이다. 아바타 너머에 있는 사람의 마음을 볼 수 있다면, 가상공간은 차갑지 않고 오히려 더 따뜻한 새로운 관계의 장이 될 수 있다. 그리고 그 배려의 한 마디, 그 존중의 제스처가 우리가 만드는 미래 소통 문화를 결정하게 될 것이다.

AI와 인간이 함께 일하는
시대의 소통법

월요일 오후 3시, 강남의 한 스타트업. 개발팀 민 대리는 또 에러를 마주하고 한숨을 쉰다. 옆자리 동료가 웃으며 말한다.

"야, 그냥 ChatGPT한테 물어봐. 요즘은 사람이랑 말하는 것보다 편할 때도 있잖아."

농담 같지만, 많은 사람이 비슷한 경험을 한다. 막힌 일을 정리해주고, 감정을 받아주고, 말문을 열어주니 AI는 어느새 '대화 상대'처럼 느껴진다.

다만 여기서 한 가지 선은 필요하다. AI는 위로가 될 수 있지만, 삶의 결정을 대신해 주는 존재가 아니다. 감정이 복잡할수록 우리는 더 쉽게 기대고, 더 쉽게 확신한다. 그래서 가장 안전한 태도는 이거다. 감정은 정리하되, 결정은 내가 한다. AI는 브레인스토밍과 생각 정리에 적극 활용하고, 중요한 선택은 스스로와 사람 사이에서 마무리하는 것이 중요하다.

업무에서는 더 조심해야 할 함정이 있다. 지난달 한 마케팅 회사의 박 과장은 클라이언트 미팅을 앞두고 AI에게 "올해 가장 핫한 트렌드가 뭐야?"라고 물었다. AI는 그럴듯한 통계와 단정적인 문장으로 답을 내놨고, 박 과장은 그대로 발표에 넣었다. 그런데 미팅 중 "출처가 어디죠?"라는 질문이 들어오자, 그제야 답이 흔들렸다. 자료를 찾을수록 그 통계는 어디에도 없었다. AI는 모를 때 '모르겠다.' 대신, 아는 것처럼 말할 때가 있다.

그날 이후 박 과장의 AI 활용법이 완전히 바뀌었다. 이제는 무조건 "이 정보가 정확한지 다른 자료로도 확인해 줘."라고 재차 묻는다. 특히 통계가 나오면 반드시 "출처가 뭐야?"를 확인한다. 그러자 흥미로운 패턴을 발견했다. AI가 '확실히', '분명히'라는 표현을 많이 쓸수록 오히려 불안정할 가능성이 높다는 것이다. "확신에 찬 어조일수록 더 조심해야 한다."라는 그의 교훈은 많은 직장인들에게 울

림을 준다.

그럼 AI를 잘 쓰는 사람은 무엇을 다르게 할까? 강남의 한 병원에서 일하는 김 원장은 비슷한 깨달음을 얻었다. "환자에게 수술 설명 좀 해줘."라고 막연히 물었을 때는 교과서 같은 답만 돌아왔다. 반대로 "65세, 당뇨가 있고 걱정이 많은 환자에게, 이해하기 쉬운 말로, 부작용 위험도 포함해 설명해 줘."라고 구체적으로 요청하자 답변의 수준이 달라졌다. 핵심은 단순하다. AI는 '추측'보다 '조건'에 강하다. 설명해 줘야 잘한다.

결국 AI 시대의 협업은 역할이 나뉜다. AI는 빠르게 정리하고 초안을 만든다. 하지만 그 초안을 우리 상황에 맞게 의미로 바꾸는 건 인간이다. 현장 담당자인 전 대리는 이렇게 말한다.

"AI는 보고서를 순식간에 만들어줘요. 근데 그걸 보고 '이게 우리 팀이 납득할까? 현장에 맞을까?'를 고민하는 건 결국 제 몫이더라고요."

AI가 숫자와 문장을 주면, 인간은 맥락과 관계를 붙인다. 그래서 질문도 달라져야 한다. "정답이 뭐야?"가 아니라 "우리에게 어떤 의미야?"로.

결국 AI 시대의 소통법은 단순하다. AI의 능력은 인정하되 맹신하지 않고, 감정은 적당한 거리를 두며, 업무에서는 적극적으로 활용하되 마지막 판단은 인간이 맡는 것이다. AI가 레시피와 정보를 준다면, 불을 조절하고 간을 맞추고 "우리 상황에선 어떤 맛이 맞을까."를 결정하는 건 여전히 사람의 몫이다. 그래서 우리에게 필요한 건 거창한 기술이 아니라, AI의 답을 받는 순간 한 줄을 덧붙이는 습관이다.

"이게 우리 팀에 어떤 의미일까?"

"우리 상황에선 어떻게 적용할까?"

이 변화는 일시적 유행이 아니라 사고방식의 전환이다. 앞으로는 "AI에게 물어보면 되지."에서 멈추는 사람과, "AI가 이렇게 말했는데 정말 그럴까?"라고 한 번 더 묻는 사람의 차이가 점점 커질 것이다. 결국 승부는 AI를 얼마나 잘 다루느냐가 아니라, AI가 줄 수 없는 인간의 가치, 즉 맥락을 읽고 의미를 만들고 책임지는 힘을 얼마나 선명하게 지켜내느냐에 달려 있다. 오늘 AI와 대화하다가 단 한 번이라도 "그런데 정말로 그럴까?"를 떠올렸다면, 당신은 이미 미래로 한 발 나아간 것이다.

소통이 바뀌면 인생이 바뀐다

몇 해 전, 유아 교사들을 대상으로 교육을 진행하던 자리에서 한 교사가 나에게 조심스럽게 털어놓았다.

"강사님, 저는 이 직업이 저한테 맞는 건지 잘 모르겠어요. 사람보다 AI랑 대화하는 게 더 편하거든요. AI는 제가 무슨 말을 하려는지 금방 알아채는 것 같아요."

순간, 뒤통수를 얻어맞은 듯 멍해졌다. 아직 낯설다고만 생각했던 AI가, 이 젊은 교사에게는 이미 '소통 파트너'로 자리 잡고 있었던 것이다. 하지만 곧 의문이 밀려왔다. 과연 AI가 그녀를 진짜 '이해'하고 있는 걸까, 아니면 이해하는 듯 보이는 것뿐일까?

이 물음은 교실 속 작은 대화에만 머물지 않는다. 최근 한 테크 박람회에서는 VR 헤드셋을 쓴 사람들이 가상의 카페에 앉아 실제처럼 커피 향을 맡고, 옆 사람과 악수하며 손의 온기와 압력까지 느꼈다고 한다. 모두가 "이제 정말 SF 영화가 현실이 되는구나."라며 감탄했다. 이런 변화의 배경에는 후각 디스플레이와 햅틱 기술이 있다. 향기를 디지털로 전달하고 촉감까지 구현하는 시대가 열린 것이다. 미래학자들은 곧 '풀 센서리 소통(Full Sensory Communication)'이 일상 속으로 들어올 것이라고 말한다.

하지만 기술이 아무리 '진짜 같은 경험'을 만들어도, 그 경험이 곧 '진짜 소통'이 되지는 않는다. 향과 촉감을 주고받는다고 마음까지 전달되는 건 아니기 때문이다. 소통은 감각의 선명함이 아니라 '상대에게 무엇을 전하고 싶은지'라는 의도와 '그 의도를 어떻게 받아주느냐.'에서 완성된다. 결국 중요한 건 "얼마나 생생했는지"가 아니라 "서로를 얼마나 정확히 이해했는지"이다.

그렇다면 우리의 소통은 어떻게 달라질까? 미래에는 화상회의에서 단순히 얼굴만 보는 게 아니라, 상대방의 긴장감이나 흥분 상태까지 실시간으로 전달될 것이다. 이미 웨어러블 기기로 심박수나 스트레스 지수를 측정하는 기술이 나와 있지 않은가.

여기서 중요한 건, 이런 정보를 얻었을 때 우리가 어떻게 반응하느냐이다. 단순히 "아, 저 사람 스트레스를 받고 있구나." 하고 끝나는 게 아니라, "지금 힘드시겠어요. 잠깐 쉬고 이야기할까요?"라고 말할 수 있어야 한다. 감정이 데이터로 보이더라도, 그것을 받아들이고 공감하는 일은 여전히 사람의 몫이다. 그래서 경청은 더 중요해진다.

감각 확장과 함께 주목해야 할 또 다른 변화는 완전 실시간 다국어 소통이다. 메타(Meta)는 200개 언어를 번역할 수 있는 AI 모델 NLLB-200을 발표했고, 최근에는 100개 이상의 언어를 실시간으로 음성 번역할 수 있는 기술도 공개했다. 이제 언어 장벽은 거의 사라졌다고 봐도 무방하다.

그런데 여기서 더욱 중요해지는 건 바로 공감(Feel)의 능력이다. "고맙다"를 영어로 번역하면 "Thank you"가 되지만, 한국 사람이 말하는 "고맙다"의 깊이와 미국 사람이 말하는 "Thank you"의 뉘앙스는 다르다. 한국 사람이 "죄송하다"를 연발하는 걸 보고 외국인이 "왜 저렇게 사과를 많이 하지?"라고 궁금해하는 것처럼 말이다. 언어가 번역된다고 해서 마음까지 자동으로 번역되는 건 아니다. 상대방의 문화적 배경을 이해하고, 그 안에 담긴 진심을 느끼려는 노력이야말로 진정한 소통의 열쇠다.

지금부터 할 수 있는 연습이 있다. 외국 동료나 거래처와 일할 때 업무 이야기만 하지 말고, "그런데 당신 나라에서는 이런 상황에서 어떻게 표현하나요?" 같은 질문을 던져보자. 상대방의 문화적 배경을 이해하려는 노력을 보이면, 관계가 훨씬 깊어진다.

하지만 이런 기술 발전과 함께 나타나는 가장 심각한 역설이 있다. 바로 소통 속도의 양극화다. 기술이 발전할수록 소통의 속도는 점점 빨라지고 있다. 카톡, 슬랙, 이메일, 화상회의. 하루 종일 끊임

없이 누군가와 연결되어 소통하고 있다. 그런데 역설적으로, 소통학 연구들을 보면 디지털 소통량이 증가할수록 '의미 있는 대화'에 대한 갈증도 커진다고 한다.

생각해 보자. 하루에 수십 개의 메시지를 주고받고, 여러 개의 화상회의를 하고, SNS에 댓글을 달고. 이렇게 바쁘게 '소통'하면서도 정작 "요즘 어때? 진짜 어때?"라고 묻고 답할 시간은 없어진 것 같다. 바로 여기서 진화(Transform)의 힘이 발휘되어야 한다. 빠른 소통과 깊은 소통을 적절히 조절하는 능력 말이다.

급한 업무 연락은 빠르게, 하지만 동료의 고민 상담은 충분한 시간을 두고 깊이 있게. 브레인스토밍은 에너지 넘치게 활발하게, 하지만 갈등 해결은 차분하고 신중하게.

구체적으로 어떻게 연습할 수 있을까? 우선 '슬로우 토킹 타임'을 만들어보자. 일주일에 한 번씩 동료나 후배와 30분 정도 여유롭게 대화하는 시간을 갖는 것이다. 이때는 업무 이야기가 아니라 "요즘 어떻게 지내? 힘든 일은 없어?" 같은 진짜 관심을 표현해 보자. 또한 메신저로 주고받던 내용도 가끔은 직접 만나서 이야기해 보자.

"이거 메시지로 설명하기 복잡한데, 잠깐 만나서 이야기할래?"

이런 제안이 관계를 한층 깊게 만든다.

그리고 이 모든 변화와 함께 우리가 반드시 준비해야 할 마지막 흐름이 있다. 바로 AI와의 협업 소통이다. 앞서 말한 한 유아 교사의 고백처럼, 이미 많은 사람들이 AI와 일상적으로 소통하고 있다. 앞으로는 AI가 단순한 도구가 아니라 '소통 파트너'가 될 것이다.

AI가 회의록을 정리해 주고, 메일의 톤을 조절해 주고, 심지어 갈등 상황에서 중재 역할까지 할 수도 있다. 하지만 여기서 가장 중요한 건 신뢰(Trust)를 잃지 않는 것이다. AI가 아무리 정교해져도, 그것은 도구일 뿐이다. 진정한 신뢰는 인간과 인간 사이에서만 만들어진다.

AI에게 원하는 결과를 얻으려면 정확하고 구체적으로 요청하는 능력이 필요하다. 예를 들어, "메일 써줘."라고 하는 대신 "고객에게 사과하면서도 우리 입장을 이해받을 수 있는 정중한 메일을 써줘. 톤은 진심 어린 느낌으로."라고 구체적으로 요청하는 것이다. 지금부터 연습해볼 수 있다. ChatGPT나 다른 AI 도구를 사용할 때 점점 더 구체적이고 맥락적인 요청을 해보자. "이 내용을 우리 팀장님이 좋아할 만한 스타일로 다시 써줘."처럼 상황과 상대방을 고려한 요청을 하는 것이다.

하지만 기억하자. AI가 써준 메일을 보내기 전에 한 번 더 읽어보고, 내 진심이 담겨 있는지 확인하는 것도 잊지 말아야 한다.

그런데 이 모든 이야기를 하면서, 나는 계속 젊은 교사가 떠오른다. 그녀에게 AI가 편한 이유는 뭘까? 혹시 우리가 그녀의 말을 제대로 들어주지 못했던 건 아닐까? 그래서 AI에게서 위안을 찾는 건 아닐까?

이런 생각을 하다 보니, 미래 소통의 핵심이 무엇인지 분명해진다. 기술이 아무리 발전해도, 결국 소통의 본질은 변하지 않는다는 것이다. 경청하고(Listen), 공감하고(Feel), 변화하려 노력하고(Transform), 신뢰를 쌓는(Trust) 것.

9살 조카가 메타버스에서 전 세계 친구들과 자연스럽게 어울리는 모습을 보면서, 문득 이런 생각이 들었다. 기술이 발달할수록 더 많은 사람과 만날 수 있게 되었지만, 정작 중요한 건 그 만남을 통해 얼마나 진심 어린 관계를 만들어 가느냐가 아닐까?

새로운 시대, 새로운 도구들이 우리 앞에 펼쳐져 있다. 가상현실 속에서도, AI와 대화할 때도, 번역기를 통해 대화할 때도, 결국 중요한 건 당신의 말에 담긴 진심이다. 어떤 기술을 사용하든 상대방이 느끼는 건 똑같다. 이 사람이 나를 정말 이해하려 하는가? 내 말을 진심으로 들어주는가? 나에게 관심과 존중을 보여주는가?

10년 후, 그 젊은 유아교사가 원장이 되어 교사와 부모를 만날 때, AI보다 더 편안하고 따뜻한 대화 상대가 될 수 있을까? 그 답은 지금 우리가 어떤 소통을 배우고 실천하느냐에 달려 있다. 결국 사람의 마음을 움직이는 건 기술이 아니라 진심이다.

미래가 아무리 달라져도, 사람의 마음을 어루만지는 말의 힘은 여전할 것이다. 그리고 그 힘을 기르는 방법을 우리는 이미 알고 있다. 바로 지금까지 우리가 살펴보았던 LIFT-UP이다. 이제는 지식에서 멈추지 말고, 손과 발로 옮겨야 한다.

신영복 교수는 "세상에서 가장 먼 거리는 머리에서 손, 발까지의 거리"라고 말했다. 실천력이 곧 경쟁력이다.

말은 옳았지만 관계는 틀렸던
당신을 위한 LIFT UP 소통법

그 말, 그렇게 하지 마세요

초판 1쇄 인쇄 | 2026년 3월 3일
초판 1쇄 발행 | 2026년 3월 9일

지은이 | 최 윤
펴낸이 | 최근봉
펴낸곳 | 도서출판 넥스웍
등록번호 | 제395-2014-000069호
주소 | 경기도 고양시 덕양구 화신로272번길 29
전화 | 031) 972-9207
팩스 | 031) 972-9208
이메일 | cntpchoi@naver.com

ISBN   979-11-88389-73-5 (13190)